税務署 は見逃さない！

フリーランスの

税務調査

対応入門

個人の税務調査対応専門

税理士 内田 敦 著

JN002353

日本法令

プロローグ

（留守番電話にて）「○○税務署個人課税○部門の▲▲と申します。お伝えしたいことがありますので、この伝言をお聞きになりましたら○○税務署までご連絡をお願いいたします。電話番号は 12-3456-7890 です。」

……という留守番電話が残されていました。かけなおしてみたら、「税務調査」とのことだったのです。慌てていろいろ検索して、税務調査のことを調べていたら、内田先生のことを見つけまして、ご連絡しました。

ありがとうございます。

フリーランスの税務調査対応をしているとのことですが、対応をお願いできますか？

はい、もちろん大丈夫ですよ。Ａさんのお仕事の内容や確定申告の状況など、さっそく確認させてください。

よろしくお願いします。そもそも、税務調査って何をするんですか？　税務署から連絡が来てから怖くて怖くて、不安で眠れないですし、いつも税務調査のことが頭にあって、何も手につきません（涙）。

そのようなご相談が多いです。眠れなくなった、食べられなくなった、という人もいます。無理もありません。実際に税務調査が終わってから、「こんなものなんだ」と思われる方も多いですよ。

本当に怖いイメージしかありません。まずは税務調査がどんなものなのか、教えてください！

はじめに

　内田敦と申します。**個人事業者・フリーランスの税務調査専門の税理士**として活動しています。

　法人や相続の税務調査対応をしているという税理士は数多いですが、個人専門という税理士は、非常にレアな存在です。

　私はよく、「個人事業者やフリーランスに、そんなに税務調査があるんですか？」と質問されます。他でもない私自身も、独立する以前は、「税務調査は法人がメインであって、個人にはほとんどないだろう」と思っていました。

　ところが独立後、「税務調査の連絡が来て困っている」「個人に対応している税理士がいない」という声が、少なからずあったのです。個人への税務調査も多く行われていることと、税務調査の連絡が来て不安になっているのに相談できる税理士が見つからない個人の方が多くいることを知った私は、「個人事業者やフリーランスの税務調査対応専門税理士」として、近隣だけでなく遠方からのご相談も受けるようになりました。このテーマで、同業の税理士向けの書籍を2冊、執筆もしています。

　この本は主に、税務調査で困っているフリーランスの方（本書では、開業届を提出しているかどうかにかかわらず、個人で仕事を請け負って働いている方を「フリーランス」と表記します）向けに、私のもとに寄せられるよくある税務調査に関する相談を、Aさんという架空のフリーランスからの質問形式にてまとめたものです。なるべく専門用語を使わず、またなるべく実際の事例を盛り込むようにしました。フリーランスの方向けの税金の本は珍しくないですが、「税務調査対応」だけという本は、ほとんどないと思われます。

　この本の構成は、次の通りです。

CHAPTER1 は、税務調査の基礎知識についてです。そもそも税務調査とはどのようなものなのか、何をするのか、絶対に追加の税金が発生するのかなどを解説しています。

CHAPTER2 は、税務調査の準備についてです。税務調査の連絡があったら何をすればいいのか、何を用意すればいいのか等、早期終了するための準備について解説しています。

CHAPTER3 は、税務調査当日についてです。調査当日の流れや何を聞かれるのか、何に注意するべきなのか、どう対応すればいいのかを、実際の税務調査をもとに解説しています。

CHAPTER4 は、税務調査の立ち会い以後のことです。税務署から間違いを指摘された場合、脱税だと言われた際の対応、落としどころの調整などについて解説しています。

CHAPTER5 は、今後の税務調査への備えについてです。税務調査というものは、一度行われたらもう来ないとは限りません。再び税務調査が行われる可能性もあります。税務調査の結果を受けて注意すべきことについて解説しています。

CHAPTER6 は、確定申告をしておらず、無申告となっている場合の税務調査についてです。無申告の場合、税務署の対応は厳しいものとなるため、しっかりとした対策が必要です。その注意点などについて解説しています。

　ある日突然、税務署から「税務調査を行います」と知らされれば、誰だって恐ろしく感じるものですし、「追加の税金や罰金を求められるの？」と不安になって当然です。この本が、そのような個人・フリーランスの方々を安心させることができるものであれば幸いです。

2023 年 8 月

内田　敦

もくじ

CHAPTER3　調査当日

CHAPTER4　その後のやり取り

CHAPTER5　今後の税務調査に備えて

CHAPTER6　無申告の税務調査

CHAPTER 1

税務調査の基礎知識

01 税務調査ってなんの調査？

そもそも税務調査って、なんの調査なんですか？
なんのために調査してるんですか？

⚠ **公平な課税を目的とした、確定申告が正しいかどうかの調査**

● フリーランスは確定申告が必要

　会社員、フリーランスのどちらであっても、税金を納めなければなりません。収入金額に応じた税額を、毎年納付していきます。

　会社員とフリーランスでは、税金（所得税）を納付する方法に違いがあります。

　会社員の場合、所得税は毎月、給与から天引きされています。また毎年、会社側で年末調整をしてくれますので、それで税金関係の手続きは完了しています。新たに住宅を購入して住宅借入金等特別控除を受ける場合や、医療費控除を受ける場合などは、確定申告が必要となりますが、基本的には年末調整にて完了です。

　それに比べてフリーランスには、年末調整がなく、自分で確定申告をする必要があります。フリーランスは自分で売上と経費を集計し、所得税まで自分で計算して、納付しなければいけないのです。

● 確定申告が正しいかどうかの確認

　売上や経費の集計、税額の計算においては、決まり（税法）に

したがって計算しなければなりません。これら計算に誤りがあれば、税額も違ってきてしまいます。この税額計算が正しく計算されているかどうかを国が確認する手続きが、本書のテーマである**税務調査**です。

　税務調査では、

- ・売上金額が正しく計算されているか
- ・経費とならないものが入っていないか
- ・税金の計算が正しく行われているか

といったことを調べられます。簡単にいえば、申告した税額が正しいかのチェックということです。

　所得税や消費税は、自分で計算して自分で納税する「申告納税方式」ですので、何かしら間違ってしまっていることもあり得ます。間違いがあれば、修正する手続きが必要となります。

　税務調査は、適正に納税している人とそうでない人で不公平が生じることを防ぐため、行われます。自分は正しく納税している一方で、不当に納税を免れている人がいれば、誰しもイヤになります。そのようなことのないように、公平な課税を目的としているのが税務調査なのです。国税庁のHPには、次のように書かれています。

　国税庁では、的確な調査に活用するため、あらゆる機会を通じて資料情報の収集を行い、その収集した資料情報を様々な角度から分析し、不正に税金の負担を逃れようとする悪質な納税者に対しては、厳正な調査を実施しています。

（国税庁「令和3事務年度における所得税及び消費税調査等の状況について」）

　通常は、税務署から連絡が来ることなんてほとんどありませんか

ら、税務署から連絡があっただけでビックリしてしまうものです。

　税務署から連絡があったからといって、必ずしも税務調査が行われるとは限りません。税務調査の手前の手続きとして、**指導**があります。

　・確定申告書に記載もれがあるから直してほしい
　・還付口座の記載がない
　・単純な計算間違いがある

　これらのように、ちょっとした間違いや「お尋ね」のような連絡が来ることもあります。

　指導やこれら連絡は税務調査ではありませんので、心配せず速やかに対応しましょう。

強制捜査ではない

　「調査」と聞くと、強制的になされるイメージがあるかもしれません。ですが、税務調査は強制捜査ではなく、実は任意での調査です。

　よく連想される、裁判所の令状を見せて……というものではありません。資料を段ボールに詰めて押収されるようなことはありませんし、畳をひっくり返すような捜査をされることもありません。税務調査と聞くと、いわゆる「マルサ」をイメージする人が非常に多いようですが、実際にはそのような調査は行われません。

　実際の税務調査では、調査官から色々と質問をされます。その質問に回答することで進んでいくわけですが、「やったんだろ！」などと怒鳴られるような、テレビドラマの警察の取調べのようなものとはまったく違います。仮に脱税してしまっていたとしても、怒鳴

られるようなことはほとんどありません。

　税務調査は適正な申告をしているかどうかを確認するものですから、不正に税負担を免れるような人には厳しい調査がなされることもありますが、恐ろしい強制捜査ではない、ということです。

☞ フリーランスは原則として確定申告が必要。

☞ 税務調査は確定申告書が正しいかどうかの確認をする手続き。

☞ 強制捜査ではないので、資料を押収されるようなことはない。

☞ 一方的に進められるものではなく、協力して進めるもの。

02 フリーランスにも 税務調査は来る？

大企業が○億円も過少申告していた、みたいな
ニュースを見かけることがあります。だから税務
調査なんて大企業にしかないのかと思ってました。
私みたいな個人のところにも来るのですか？

⚠ **フリーランスにも税務調査はある**

● フリーランスにも税務調査はある

結論からいうと、フリーランスにも税務調査はあります。

ニュースにて、大企業が何億円の過少申告をしていた、見解の相
違はあったが修正申告は済ませた、などと見かけることがあります。
報道されるのは大きな企業が多いので、税務調査が行われるのは大
企業だけ、あるいは大企業ではなくとも法人だけ、と思っている人
も少なくありません。そのため、税務署から税務調査の連絡があっ
たとき、「まさか自分に来るなんて」とビックリしがちです。

国税庁「令和3事務年度における所得税及び消費税調査等の状況
について」（令和4年11月）によると、実地調査の件数は、特別
調査・一般調査が4.3万件（前事務年度5.0万件）、着眼調査が1.7
万件（同2.3万件）であり、簡易な接触の件数は37.1万件（同53.7
万件）です。合計では43.1万件（同61.1万件）であり、そのうち
申告もれ等の非違があった件数は26.3万件（同37.4万件）となっ
ています。それに対して、法人の場合は次のような発表があります。

令和3事務年度においては、あらゆる資料情報と提出された申告書等の分析・検討を行った結果、大口・悪質な不正計算等が想定される法人など、調査必要度の高い法人4万1千件について実地調査を実施しました。

(国税庁「令和3事務年度　法人税等の調査実績の概要」)

　個人が4.3万件なのに対し、法人は4.1万件となっています。数字だけを見ると、個人の方が多い年度もあるのです。

　近年は新型コロナウイルスの影響により、調査件数が減ったのですが、件数が少ないとはいえ、これだけの調査が個人・法人に行われました。フリーランスにも、少なからず税務調査が行われたことが推測できます。

> 筆者にご相談いただいたフリーランスの方が、「税務調査が来るのは、交通事故にあうようなものだ」と言っていたことがあります。
> その気持ち、わからなくもありません。

　たしかに、税務調査が行われる可能性は高いとまでは言えません。一生に1回、経験するかどうかという人がほとんどでしょう。

　税務署には、法人課税部門と個人課税部門があります。その名の通り、法人課税部門は法人を、個人課税部門は個人を対象とした税務調査を行います。個人課税部門の方が人数は少ないことが多いのですが、このような部門がある以上、個人（フリーランス）に対しても、税務調査が行われるときは行われるのです。

☞ 税務調査は法人だけではなく、フリーランスにも行われる。

03 事業規模が小さくても来る？

私は本当に売上が少ないんですけど、私みたいにこぢんまりとしたフリーランスにも、税務調査があるんですか？

⚠ 事業規模は関係なく行われる

● 事業規模が小さいところでも様々な理由で行われる

一口にフリーランスといっても、その業態は様々です。1人で活動しているケースもあれば、人を何人も雇っているケースもあります。事業規模も、年間の売上が数百万円から数億円規模まであり得ます。事業規模がある程度大きくなると法人化することが多いので、フリーランスで何億円もの売上があるケースは少ないかもしれませんが、事業規模の大小に関係なく、税務調査はあります。

とはいえ、事業規模が大きければ大きいほど、税務調査が行われる確率は高くなります。

もちろん、何の理由もなく、税務調査が行われるということはありません。そこには、

・明らかな申告誤りがある
・開業10年くらい経過している
・業績が良く、利益が出ている

・同業者と比べて異常値がある

・過去と比べて利益率などが大きく変わった

・所得が少なすぎる

・無申告である

などの理由があります。これら以外の理由もあり得ます。

　税務署は様々な方法で情報を集めており、申告されている数字が明らかに誤っていることを把握していることもあります。

　事業規模が大きくなればなるほど、取引数・取引先が多くなるため、調べる項目も増え、誤りを発見する可能性も高まります。

　とはいえ、「自分はまだ売上1,000万円を超えないし、大丈夫」などと安心してはいけません。たとえ確率は高くなくとも、小規模事業者に対する税務調査も行われるからです。

実際にあったケースでは、たとえば、年間の売上金額が300万円くらいのフリーランスのもとに、税務調査が来たことがあります。月の売上金額では20万円〜30万円くらいでした。このような規模感でも、税務調査は行われるのです。

また、年間の売上金額が100万円程度のフリーランスのもとに、税務署から「お尋ね」が来たことがあります。これは税務調査ではなく、簡易な接触にあたるものでした。
会社員が副業として行っていた、年間数十万円くらいの収入について、「お尋ね」があったこともあります。

赤字で確定申告したフリーランスに対しても、税務調査が行われたことがあります。本当に赤字だったのかの確認もあったのでしょう。
このケースでは、毎年ある程度の利益がでていたのですが、ある年だけ突発的な経費が発生して、大きな赤字となっていました。

　繰り返すようですが、このように税務署は、事業規模が大きいところだけでなく、事業規模が小さいフリーランスに対しても税務調査や指導をしています。税務調査が行われる可能性は、すべてのフリーランスにあるのです。

☞ 税務調査は規模に関係なく行われる。
☞ 赤字であっても税務調査は行われることも。
☞ 税務調査が行われる明確な基準はない。

04

何もやましいことはない のに、どうして自分に？

私は脱税もなにもしていないのに、税務署から連絡がありました。なぜでしょうか？

⚠ **やましいことがなくても、来るときは来る**

税務調査が行われる理由は教えてもらえない

　前項**03**で、税務調査に事業規模は関係なく、一方で税務調査に来る何かしらの理由があることを解説しました。

　ですが、実際のところ、「なぜ自分に税務調査が行われたのか」はわかりません。当の税務署に質問しても、答えてはくれません。税務調査を行う調査官自身も、明確な理由は知らないことが多いのです。

筆者はある調査官から、「上司から指示されたところに行くだけ」と教えてもらったことがあります。あくまで上司の指示で動いており、調査官自身もなぜ税務調査の対象となったのか、理由はわからないということです。

　そのため、調査対象となった理由は、推測するしかありません。

税務調査の対象となった理由

　税務調査が行われる理由として考えられるのは、前項 **03** でも少し触れましたが、およそ次のような理由があります。

　・申告に誤りがあると思われる

　・生活費にあてられる金額が少なすぎる

　・売上 900 万円程度が続いている

　・単純に長期間調査が行われていない

　・無申告である

　税務署の情報収集のもととなる代表的なものが、**支払調書**です。

　支払調書を作成するとき私たちは、たとえばある会社が A さんに報酬として 700 万円支払ったという内容を、税務署に提出しているわけです。税務署はこの支払調書によって、A さんに 700 万円の収入があったことを把握します。A さんの確定申告書の売上も当然 700 万円のはずであるところ、これが 600 万円や 500 万円などと著しく異なっていれば、税務調査を行うわけです。

　同業者と比べておかしい数字があることで、調査が行われる場合もあります。通常 60％くらいの利益率であると思われるところ、利益率 30％であるなどという場合です。

　詳しくは後述しますが、生活費との関連性で調査が行われることもあります（項目 **32**）。

　多くのフリーランスの人は、所得から生活費を捻出しています。たとえば 500 万円の所得から生活費を負担するわけですが、仮に所得が 100 万円程度であれば、自ずと生活費にあてられる金額も少な

くなるでしょう。この状態が数年続くと、税務調査の対象となることがあります。

　また、売上金額が 900 万円程度ということが続いている場合も、税務調査が行われがちなケースです。売上金額が 1,000 万円を超えると消費税の課税事業者となるため、その納税義務の確認のために調査をするのです。

ちなみに、調査官が「上司からの指示されたところに行くだけ」と教えてくれた前述のケースでは、後にその上司（統括官）が「毎年、予定納税の金額が間違えていたので、調査することにしました」と話してくれました。いつも確定申告書にミスがあったので、調査対象となったのでした。

☞ 自分に税務調査が行われる理由は教えてもらえない。

☞ 税務署は様々な手段で情報を集め、調査先を選定している。

☞ 調査担当者自身も、調査先に選定された理由はわからない。

☞ 無申告、売上金額 900 万円程度が続く、生活費にあてる金額が少なすぎる、といった場合に調査される可能性が高い。

税務調査されることになったら、いきなり税務署の人が自宅に訪ねて来るんですか？

⚠ **通常は事前に連絡があるが、突然来ることもある**

通常は事前に連絡がある

　税務調査が行われるとき、通常は事前に連絡があります。「あなたに税務調査を行いたいので日程調整をしてください」といった内容を告げられるのです。確定申告書に記載した電話番号に連絡されるのが一般的です。

　電話がつながらない場合、書面が届くこともあります。「税務調査を行いたいので、○月○日までに担当者まで連絡をください」と書かれた書面です。

　このように、通常は電話または書面で事前連絡があります。この税務調査前の連絡を**事前通知**といいます。

　事前通知では、次の事項を伝えることとされています。

---

① 　実地調査を行う旨
② 　調査を開始する日時
③ 　調査を行う場所
④ 　調査の目的
⑤ 　調査の対象となる税目

---

⑥　調査の対象となる期間
⑦　調査の対象となる帳簿書類など
⑧　調査の相手方である納税義務者の氏名など
⑨　調査を行う当該職員の氏名など
⑩　調査開始日時または調査開始場所の変更に関すること

　まず調査をしたい旨の連絡があり（①）、何月何日の何時から開始するのかを伝えられます（②）。都合が悪ければ、日程の調整も可能です。

稀に突然来ることもある

　ここまで「通常は事前に連絡がある」という言い方を繰り返したのは、例外的にいきなり自宅や事務所に税務署が来てしまうこともあるからです。

　突然来る理由には、

・電話がつながらない
・書面が送付されているのにいつまでも連絡がない
・連絡をせずに調査を開始する必要があった

などがあり得ます。

　事前に連絡があるのが普通であるところ、なかなか連絡がとれなかったりすると、突然自宅を訪ねてくることもあります。

　書面が届いた場合には、「○月○日までに連絡してください」と書かれていますので、その期日までに連絡をした方が賢明です。

　さらに、電話も書面もなく、いきなり税務署が来ることがありま

す。「事前に連絡をせずに調査をする必要がある」と考えている場合などです。具体的には、現金商売の場合などです。

現金商売は日々、現金を扱っており、毎日の残高が変わるものです。いきなり調査に行くことで、実際の現金がどれくらいあるのかを把握したいのです。

また、事前に連絡をしてしまうことで、都合が悪いものや辻褄^{つじつま}が合わないものを隠してしまうおそれがあると考え、そのようなことがないように事前連絡なしで調査をすることもあります。

なお、事前通知がなかったことが不服だったとしても、納税者側はそれを申し立てることができません。国税庁のHPには、次のように記載されています。

> 法令上、事前通知を行わないこととした理由を説明することとはされていません。ただし、事前通知が行われない場合でも、運用上、調査の対象となる税目・課税期間や調査の目的などについては、臨場後速やかに説明することとしています。また、事前通知をしないこと自体は不服申立てを行うことのできる処分には当たりませんから、事前通知が行われなかったことについて納得いただけない場合でも、不服申立てを行うことはできません。

（国税庁「税務調査手続に関するFAQ（一般納税者向け）」）

事前通知をしなかった理由を説明することはなく、不服を言うこともできないということです。

連絡もなく突然訪ねられたケースで、外出中に調査官が何十回もインターホンを押していたことがあります。訪問者を一定件数まで録画できるタイプのインターホンだったので、履歴を確認してみたところ、朝10時頃から16時頃まで、何十回もインターホンを押していたのです。

後日、税務調査を受けた際、はじめてこのときの訪問者が税務署の調査官であったことがわかったのでした。

別のケースで、夜勤明けで朝方に帰宅し、そのまま就寝して夕方に起きたところ、ポストに税務署からの書面が投函されていたことがあります。郵便ではなく直接投函されていたことから、税務署の職員が訪ねてきたとわかったものです。就寝していたので気づかなかったとのことです。

　納税者側としては、いつ調査があってもいいように、しっかりと準備をしておくことが必要になります。

　万が一、突然訪ねてこられて都合が悪い場合には、その旨を伝えて別日に変更してもらうこともできます。

☞ 基本は事前に通知がある。

☞ 何の連絡もなく突然訪ねてくることもある。

☞ 都合が悪い場合はその旨を伝えて別日に変更してもらおう。

06 絶対に追加の税金が発生する？

税務署の人がわざわざ来るくらいだから、追加でたくさんの税金が発生するということですか？すごく高い金額になったらどうしよう……。

⚠ 絶対に税金がさらに発生するわけではない

● 追徴課税と還付

税務調査によって発生する追加の税金が、**追徴税**（額）です。

仮に、本来は100万円の納税が必要であったところ70万円しか納付していなかったとすれば、不足分30万円の納税が追加で必要となります。この30万円が追徴税額です。

逆に、税務調査によって税金が戻ってくることもあります（これを**還付**といいます）。本来は100万円の納税でいいのに120万円を納付していた場合、過剰分20万円が還付されます。

実際に、領収書やレシートの保存をまったくしていなかったことから、経費にできるものがまったくないと考え、そのように確定申告をしていた相談者がいました。税務調査の結果、通常発生するだろうと思われる経費について概算で認められたため、その分が還付となりました。

● 絶対に加算税がかかるわけではない

税務調査が行われるとなるとまず心配となるのが、**加算税**です。加算税は、一般に「罰金」といわれることもあります。筆者のもとにも多くの相談者から「どれくらい罰金取られるの？」「いくら追加で払うの？」との質問が寄せられます。多くの人が、税務調査が行われると絶対に加算税が発生すると誤解しているようですが、必ずしもそうではありません。加算税はかからないこともあります。

項目 **01** の通り、税務調査はあくまで「確定申告書の内容が正しいかどうか」を確認するためのものです。確定申告書が正しく作成されており、誤りがなければ、さらに課税されることもありません。加算税が発生するのは、申告に間違いがあったときです。

● 加算税のしくみ・種類

税務調査で間違いが発覚した場合は、直さなければなりません（修正申告）。それに伴って加算税も課されることとなります。

加算税は、本来納付すべきであった金額の他に、さらに負担が必要となるものです。たとえば本来の納税額に30万円不足していたとすると、「過少申告加算税」という加算税が3万円（30万円の10％）上乗せされ、合計33万円の納付が必要となってしまいます。

加算税には、**過少申告加算税、重加算税、無申告加算税**の3種類があります。どの加算税が課されるのかは、状況により異なりますが、およそ次の通りです。

計算間違いなど軽微なミスがある	➡	過少申告加算税	10%
脱税など大きな間違いがある	➡	重加算税	35%
そもそも確定申告書を提出していない	➡	無申告加算税	15%

（すべて原則的な割合）

　税務調査で何かしらの間違いを指摘され、修正しないといけなくなった場合には、過少申告加算税が課されることとなります。無申告でなおかつ脱税のようなことをしているケースで、最も税額が高くなります。

　その上で、さらに「**延滞税**」も課されます。
　延滞税は、期限までに税金を納付しなかった場合に、期限の翌日から納付する日までの日数に応じて発生する、利息のような税金です。納付が遅れれば遅れるほど、延滞税は増えることとなります。

　税務署職員（調査官）の立場では、重加算税となるような重大な脱税を見つけた方が評価につながり、署内で出世しやすいという話もあるようですが、その真偽はわかりません。筆者は実際、調査官との雑談のなかで「何も間違いがないと思われるとやる気なくなりますね」と聞いたことがあります。加算税を課せられるかどうかで、何かしらの影響があるとはいえそうです。
　確実にいえるのは、調査官も「何が何でも加算税を課そう」とは思っていないということです。もちろん、その調査官やその上司の意向によるところもありますが、何も問題なく、修正すべき事項はないとして終了する税務調査もたくさんあります。筆者も実際、税務調査の立ち会いをしたところ、何ら修正事項も指摘事項もなく、スムーズに終わったという経験がたくさんあります。

調査官には、年間に調査しなければならない件数（ノルマ）があり、いつまでも同じ1件の調査に時間をかけるわけにもいかないという事情もあるようです。大きな間違いがないと判断できた段階ですぐ切り上げる、ということもあります。

　筆者も実際、午前中で税務調査が終わってしまって拍子抜けすることもよくあります。

> たとえば、10時から調査が開始され、事業概況などの聞き取りの後、売上の確認をして何ら問題がないとして、すぐに終わったことがあります。このときは、「売上金額の誤りがないことがわかったので、これを上司に報告します。おそらく早期に終了できると思います」と言われました。それから一週間後、調査終了の連絡がありました。当然ながら、加算税が課されることもありませんでした。

　このケースのように、何も問題がないのであれば早期に終了しますし、加算税も課されません。

　☞ 加算税と延滞税の納税が必要になる可能性がある。

　☞ 絶対に追加で納税が発生するわけではない。

---

07 ミスがあったらどんな 税金が発生する？

たとえば申告した所得税の金額が間違っていた場合、その間違えた分だけ追加で納めるってことですか？

⚠ 間違いがあった税金だけとは限らない

● 所得金額に誤りがあった場合に発生する税金

　税務調査で何らかの誤りがあれば、その分の納税が必要となります。納税が必要となる税金とは、所得税だけではありません。納税（納付）が必要となるものとして、

・申告所得税
・消費税等
・住民税（市町村民税）
・個人事業税
・国民健康保険税（料）

などがあります。所得税だけだと思っていたところ、思いのほか負担が多くなるということもあります。

　さらに数年分の納税が累積すると、当然負担も大きくなります。加算税や延滞税も発生することを考えれば、金額が膨らむことが容

易に想像できるでしょう。

　上記は、すべての納税（納付）が必ず発生するわけではありません。消費税は納税義務がなければ（免税事業者であれば）納税の必要もありませんし、土建国保など所得によって保険料が変わらないものに加入していれば、追加で健康保険料を納付することはありません。それぞれの状況によります。

　その他、手当などを受給していると、その返還が必要となることもあります。

実際に、相談者の家族に障がいがあり、手当を受給していたところ、税務調査によって所得が増え、制限を超えたことにより、手当を返還しなければいけなくなったというケースがありました。

また、税務調査で所得が増えたことにより、公営住宅の家賃に影響してしまったケースもあります。

☞ 所得税だけでなく、他の税金も発生することがある。
☞ 税金以外にも、所得制限を超えたことにより支払が発生するものがある。

08 過去何年分調べられる？

税務調査は確定申告書の内容を調べるとのことですが、それは去年の分ってことですか？

⚠ **過去 7 年分を遡って調べられることがある**

徴収権の時効は原則 5 年

国税の徴収権の**時効は 5 年間**とされています。ただし、脱税があった場合には 7 年間となります。

そのため、税務調査で調べられる期間（調査年分）も、最長で 7 年分です。仮に、書類の偽造工作などをして、所得があることを隠すようなことをしていたとしても、調査対象期間はやはり 7 年分となります。

実際のケースで、20 年以上ずっと無申告であった人について、税務調査が行われたことがあり、7 年分の調査となりました。必要な資料などを意図的に廃棄してしまっていたことが脱税行為にあたる、と判断されたのです。

このケースのように、20 年間ずっと無申告（未納）だったにもかかわらず、7 年分の税務調査のみで済ませるのでは、残りの 13 年分は納税しないこととなり、ずっと真面目に申告・納税をしてい

る多くの人からすれば、不公平と感じてしまうところです。

　そのため、「ならば無申告でいた方が得なのでは」などと考えてしまう人もいるかもしれませんが、申告義務がある以上、必ず確定申告をしなければいけません。納税も義務ですので、果たさなければなりません。

　ただ、実務上は、３年分を調べるケースも多く見受けられます。すべての税務調査で原則通り５年分を調査していては、時間や人的な負担が大きいということでしょう。

　３年分を調査してとくに問題がなければ、３年分で終わります。逆に３年分の調査で間違いがあれば、５年分を調べることとなります。さらに脱税行為等があれば、調査年分は７年分となります。

　無申告でいるデメリットもきちんとあります。別項**24**で後述しますが、無申告でも税務調査がありますし、その際は一般的に厳しく行われる傾向があります。納税義務を果たしていないのですから、通常の調査よりも厳しく行われるのも仕方のないところです。

　さらに、無申告の場合、所得証明などが必要になった際に証明書が用意できないという事態になります。住宅ローンなどを組むときや、子供の学校の関係から所得証明が必要となった際、あるいは建設業許可の申請をする際などに、困ることになります。

　実際に、住宅購入の検討者から、住宅ローンの審査に影響するため無申告では困るとして、確定申告の相談を受けたことがあります。

　子供の高校入学にあたり、学費の援助を受けるため、親の所得証明が必要になったという相談もありました。

● 脱税していると厳しい対応をされる

　たとえ確定申告書を提出していたとしても、脱税行為をしているのであれば、税務調査は厳しいものとなります。

　繰り返すようですが、税務調査の期間は原則5年分で、脱税などがあれば時効が2年間停止され、7年分となります。

　そもそも「脱税」とは、税金を誤魔化すことです。本来負担すべき税額を意図的に減らすような行為を指します。具体的には、売上を隠したり、経費を水増ししたり、書類を改ざんしたりするような行為です。

　脱税をしている人なんて、ごく一握りでは、と思うかもしれませんが、税務調査の相談を受けていると、違法に納税額を減らすような行為をしてしまっている人が、意外に多いと気づかされます。

　典型的な脱税行為としては、

・売上金額を実際より少なく申告する
・架空の経費を計上する
・書類（領収書など）を改ざんする

などがあります。

　脱税になるような行為をしてしまっていたものの、それを正しく修正して、修正申告書を提出するケースもあります。もし、何かしら税金を不当に減らすような行為をしてしまっている場合や、申告の誤りを自覚している場合は、修正申告をした方がいいのは間違いありません。実務的には、税務調査に先立って自ら正しい金額に修正申告をしていれば、その調査期間は5年分となることが多いからです。

　ここまで、便宜上「脱税行為」などと表現してきましたが、正確には「**偽りその他不正の行為**」といいます。

　その字面から見当がつくかもしれませんが、「偽りその他不正の行為」とは、正確な所得金額を計算できなくするような偽計などを指します。

　このような行為を一度でもしていた場合は、たとえ修正申告書を提出していたとしても、いざ税務調査があった際には調査年分が7年分となる可能性もあります。

> 実際に、調査対象期間が7年になったこともあります。このケースでは、修正申告書は正しく作成していたのですが、当初の申告にて意図的に売上を減らしていたのです。正しい売上金額のメモを作成していたにもかかわらず、確定申告にて減額していたことが発覚してしまいました。この相談者は、税務調査の事前連絡があってから本当に反省して、自ら修正申告をしたのですが、調査対象期間は7年となりました。

　いずれにせよ、意図的に、違法に納税額を減らすような行為は、絶対にするべきではありません。

☞ 税務調査の対象期間は3年が多い（原則は5年）。

☞ 脱税行為により、対象期間が7年となることもある。

☞ 脱税は絶対にNG。

---

09 税務調査を拒否できる？

税務調査が強制捜査ではないとのことですが、それって調査を拒否できるってことですか？

⚠ 断ることはできない

● 税務調査は強制捜査ではないけど

　項目 01 の通り、税務調査は強制捜査ではなく、任意のものです。

　とはいえ、「任意」というと受けなくてもいいように思えてしまいますが、そうではないのです。この「任意」とは、調査官が資料などを確認するときは、納税者の同意が必要となるという意味にすぎません。

　では、資料の確認に「同意」しなければいいかというと、そうでもありません。資料の確認に同意しなければ、調査官は調査を進めることができないのはその通りですが、納税者がずっと拒否し続けており本人から資料の確認ができない場合、調査官は取引先などから情報を得ることとなります。銀行口座を調べて取引先の情報を得て、その取引先に確認しに行くこともあるのです。

　実際に、ある調査官から聞いた話です。この調査官が税務調査のため、ある納税者の自宅にうかがったところ、「家に入るな」と言われ、塩をまかれたそうです。そのため、銀行口座から取引先

を把握し、すべての取引先に反面調査（後述）を行って、調査を進めたそうです。
調査に協力してくれれば、もっと早期に終了できたし、納税者の主張を聞くこともできたのに、と話していました。

言いなりになる必要はない

　税務調査は強制捜査ではないものの、断ることもできません。結局は強制なのかと思われるところですが、だからといって何もかも税務署の言いなりになる必要はありません。

　例えば日程調整については、こちらの都合も考慮してくれます。一方的に調査のタイミングまで決められるわけではありません。

実際に筆者は、納税者に変わり、何度も日程変更をお願いしたことがあります。
あるご相談者は、急な予定が入りやすい仕事のため、なかなか調査のため時間を取ることができませんでした。ようやく都合がつき、日程を確定したのですが、当日の朝になってまたしても急な仕事が入ってしまい、本当に直前に税務署に連絡し、延期してもらったのでした。

☞ 税務調査は任意であるが、拒否できるということではなく、調査を受ける必要がある。
☞ 日程調整をする余地はある。

10 副業にも税務調査はある？

会社員の人が副業でネットビジネスとかをしているのは、税務調査の対象にならないんですか？

⚠ 副業を調べる税務調査も行われている

副業でも税務調査はある

　所得が会社からの給与だけという人であれば、年末調整だけで税金の手続きが完了し、確定申告をする必要はありません。ずっと会社員なので、一度も確定申告をしたことがないという人も多いでしょう。

　ただし、会社員が副業をしている場合は、確定申告が必要となります。「副業で所得が20万円に満たなければ、確定申告はしなくていい」という情報を見かけることがありますが、それは所得税についてのみの話であって、住民税（市町村民税）については申告が必要です（確定申告においては、所得税の申告書を税務署に提出することで、住民税の申告もしたことになっています）。

　副業をしている会社員は、原則として確定申告が必要となり、確定申告が必要となることで税務調査の対象ともなり得ます。たとえば副業の所得について無申告であれば、税務調査が行われてもおかしくありません。

　税務署は、とくに無申告者に対して、積極的に税務調査をしてい

ます。そして、無申告で多いのが、副業をしている会社員のケースなのです。

　フリーランスで、本業である事業所得を申告していないケースもありますが、多くはありません。フリーランスはもともと確定申告が必要であることから、副業の収入についても申告が必要であることが、感覚的にも受け入れやすいのでしょう。

　なお、本業以外の収入があった場合、絶対に確定申告が必要というわけではありません。

　たまたま家にあった不用な家具をネットオークション（メルカリやヤフオクなど）で売却しただけのようなケースでは、確定申告は不要です。この売却代金は**生活用動産の譲渡による所得**というものにあたり、所得税がかかりません。家具のほか、什器、通勤用の自動車、衣服など、生活に通常必要な動産の譲渡による所得（≒売って得た収入）について、確定申告の必要はありません。

　ただし、貴金属や宝石、書画、骨とうなどで、1個または1組の価額が30万円を超えるものの譲渡による所得は、確定申告が必要です。

　さらに、上記の生活用動産であっても、利益を得るために継続して販売をしているような場合は、事情が異なります。利益を得るためにやっているとなれば、確定申告が必要と判断されることもあります。

ネットビジネスは把握されない？

　いま多いのが、ネットを利用した副業です。ネットオークション等を利用して、収入を得ているケースが非常に多くなっています。

　この点について、国税庁の資料には次のように書かれています。

> （略）インターネット取引を行っている個人に対しては、資料情報の収集・分析に努め、積極的に調査を実施しています。

（国税庁「令和元事務年度　所得税及び消費税調査等の状況」）

さらに、無申告者に対する調査についても書かれています。

> 無申告は、申告納税制度の下で自発的に適正な納税をしている納税者に強い不公平感をもたらすこととなるため、的確かつ厳格に対応していく必要があります。こうした無申告者に対しては、更なる資料情報の収集及び活用を図るなどして、実地調査のみならず、簡易な接触も活用し積極的に調査を実施しています。

（国税庁「令和3事務年度　所得税及び消費税調査等の状況」）

これらの資料からも、国税庁（税務署）が、インターネットビジネスと無申告者に対して、厳しく調査をしている姿勢がうかがえます。

事実、税務署には、ネットビジネスを中心に税務調査を行う情報技術専門官もいます。すべての税務署に配置されているわけではありませんが、彼らはネットビジネスの税務調査を専門にしているだけあって、かなり精通しています。いまや、税務署はネットに弱いなんてことはありません。

実際に筆者は、情報技術専門官による税務調査も、何度も経験しました。彼らは事前にかなりの情報を得ていました。ヤフオクのIDなどもすべて把握しており、納税者自身が忘れていたようなIDまで、しっかりと把握していたのです。

事前に取引履歴を確認されていることもありました。収入金額がどの程度あるのかや、取引件数なども把握されていました。

情報技術専門官は、パソコン機器類の操作にも慣れています。操作履歴をチェックし、データの削除などがないかを確認することもあります。

> データ復旧（デジタルフォレンジック）ソフトを使用して、削除データの復元をされたこともあります。この調査では大きな問題もなく終わりましたが、仮に納税者が都合の悪いデータ等を削除していたとしても、見つけられてしまうということです。

　つまり、ネットを使った副業をしているにもかかわらず、確定申告をしていない会社員は、税務調査の対象となりやすいのです。
　繰り返すようですが、副業の無申告というのは非常に多いです。単純に申告義務を知らなかったというケースもあれば、ネットでの副業は把握されないと高を括っているケースもあります。

> 筆者の経験でも、年間数千万円もの売上がありながら、無申告であったというケースが何度もあります。

　ネットビジネスはバレにくい、把握されにくいというのは大きな誤解です。実際には逆に何かしらの取引履歴が残るため、発覚・把握されやすいのです。

☞ 副業は無申告が多く、税務署側も把握している。
☞ ネットビジネス専門の調査官がいる。

---

11 脱税と節税は別物？

納税者が税金を減らしたいと思うのは、当然だと思います。節税しているだけでも指導されるのですか？

⚠ 節税であれば問題ない

● 脱税は法律の範囲外のこと

脱税と**節税**の違いを簡単にいえば、「法律の範囲内かどうか」です。脱税も節税も、納税の負担を減らすという点では同じです。異なるのは、それが法律にしたがっているかどうかです。

脱税……法律にしたがっていない（違法）
節税……法律にしたがっている（合法）

脱税は法律にしたがっていない違法行為であるため、税務調査でも厳しく対応されるのです。これに対し節税は合法であることから、税務調査では何か言われることはありません。たとえものすごく多額の税金を節約するような行為をしていたとしても、合法である限り、税務署は何も言いません（その行為が脱税なのか節税なのかの判断はされます）。

節税にあたる代表的な行為が、青色申告です。白色申告よりも青

色申告の方が、税制上の特典が多く、節税につながるのは間違いありません。

　小規模企業共済への加入や、iDeCo（個人型確定拠出年金）の活用も、よく知られる節税方法です。これらにいくら支払っていようと、税務署から指摘されることなどないのです。

　ただし、これらは節税とはいえお金が出ていく手法ですので、実際に加入した方がいいのかは、しっかりと見極めたいところです。

◖ 意図せず脱税にあたる行為をしている？

　世の中には、納税額を減らすという目的のため、意図的に脱税をする人がいます。その一方、意図せずに脱税行為をしてしまっている人も見受けられます。脱税という意識・自覚がなくとも、結果的に税負担が減るような行為をしてしまっていることがあるのです。

　ありがちなのが、知人から税金を減らせると聞き、よく調べることもせず、教えてもらった行為（実は節税ではなく脱税）をしてしまっているパターンです。たとえば、「取引の事実がなくとも、領収書を書いてもらえば経費にできる」などという情報を鵜呑みにしてしまったりします。本人に脱税の意図はないのですが、結果として税金を不当に減らす行為をしてしまっています。

　税務調査においては、脱税であるかどうかによって、加算税の種類が変わります。項目 **06** の通り、加算税には過少申告加算税と重加算税があり、後者の方が税率が高い（税負担が重い）です。税務調査によって間違いを指摘されるとき、脱税があったと判断されれば、重加算税が課されます。

　この脱税があったかどうか（重加算税が課されるかどうか）は、「仮装・隠ぺい」行為があったかどうかで判断されます。「意図していたかどうか」ではなく、「仮装・隠ぺいに該当するか」というこ

とがポイントです。たとえ無自覚の脱税でも、重加算税という、字面からして重い税負担が発生することもあり得るのです。

実際に、知人（同僚）からの誤った情報を信じた相談者が、そのまま確定申告をしたことで重加算税を課されたことがあります。
このケースでは、「売上は経費を差し引いた金額を書けばいい。そのうえで、経費は経費として書いていい」などと聞き、その通りに申告していたのです。経費を二重で計上しているのでおかしい、と感じるべきところですが、信頼できる人物の言うことと、すっかり信じてしまっていました。相談者自身に脱税の意図はなかったものの、結果的に過少申告をしてしまっていたわけです。

仮装・隠ぺいとは

　この「仮装・隠ぺい」とは法的な表現ですが、簡単にいえば偽装したり、隠したりすることです。たとえば、領収書の数字を書き換えてしまったり、収入を隠したりするような行為をいいます。

　国税庁のHPには、仮装・隠ぺいに該当する行為として、次のように掲載されています。

(1)　いわゆる二重帳簿を作成していること。

(2)　次に掲げる事実（以下「帳簿書類の隠匿、虚偽記載等」という。）があること。

①　帳簿、原始記録、証ひょう書類、貸借対照表、損益計算書、勘定科目内訳明細書、棚卸表その他決算に関係のある書類

（以下「帳簿書類」という。）を、破棄又は隠匿していること。

② 帳簿書類の改ざん（偽造及び変造を含む。以下同じ。）、帳簿書類への虚偽記載、相手方との通謀による虚偽の証ひょう書類の作成、帳簿書類の意図的な集計違算その他の方法により仮装の経理を行っていること。

③ 帳簿書類の作成又は帳簿書類への記録をせず、売上その他の収入（営業外の収入を含む。）の脱ろう又は棚卸資産の除外をしていること。

（国税庁「申告所得税及び復興特別所得税の重加算税の取扱いについて（事務運営指針）」（一部抜粋））

　「**二重帳簿**」という言葉は、聞いたことがある人も多いかもしれません。本来の帳簿のほかに、もう一つの帳簿を作成し、税負担が減るよう工作するものです。

> 二重帳簿を作成していて、重加算税を課されたケースがあります。売上をエクセルで管理していたのですが、もう一つ、一定額の売上金額を除いたエクセルファイルも作成していたのです。売上金額を実際より少額に見せかけるための工作です。

　このような仮装・隠ぺいは、書き換えたり隠したりする行為なので、意図せずにやってしまうことなんてないと思われがちですが、意外とそうでもありません。

実際にあったケースで、白紙の領収書を店からもらい、自分で金額を書いていた人がいました。このケースでは、相談者が店主と懇意にしており、常連であったので、会計後に店主から「金額入れるの面倒だから、自分で書いといて」と言われて、白紙の領収書を渡されていたのです。白紙の領収書に自分で金額を書いたことから、税務調査にて領収書を偽造したと疑われてしまいました。相談者に税金を誤魔化そうという意図はなく、単純に店主に頼まれて代筆したにすぎませんが、それでも脱税しようとしたのではないかと疑われたわけです。

幸い、税務署が店側にも聞き取り調査をし、実際に飲食していたことがわかったので、仮装・隠ぺい（脱税）とは判断されませんでした。

別のケースで、資料をすべて破棄してしまっていたことで、仮装・隠ぺいと疑われた経験もあります。「破棄又は隠匿していること」に該当すると疑われたのです（上記国税庁事務運営指針(2)①参照）。このときは、クレジットカードの明細や銀行の通帳など、再発行できるものを用意し、意図的に破棄したわけではないことを説明したことで、税務署側の理解を得ることができました。

　よくあるのが、引っ越しの際に誤って捨ててしまったというパターンです。意図して破棄したわけではなくとも、隠ぺいにあたると疑われる（判断されてしまう）こともあり、要注意です。

☞ 脱税は違法、節税は合法。
☞ 脱税には税務調査で厳しい対応をされる。

12

税務調査は
1年中やってるの？

税務調査って、年がら年中行われているものなん
ですか？

⚠ 税務調査が多く行われる時期がある

● 税務調査が多いのは秋

　税務調査は、1年中やっているわけではありません。

　確定申告時期（2月〜3月）には通常、新たな税務調査は行われ
ません。法人の場合には、確定申告時期であっても税務調査が行わ
れることもありますが、フリーランスに行われることは稀です。

　税務調査が一番多くなるのは秋（9〜11月頃）です。税務署では、
毎年7月に人事異動があります。異動が落ち着いた7月中旬くらい
から徐々に税務調査が始まり、9月頃から増えるのです。年が明け
ると確定申告が始まるので、大抵は12月までに終わらせるような
形となります。稀に12月までに終わらず年を越す場合もあります
が、それでも1月中には終わるケースが一般的です。

　1月までに終わらず、確定申告時期に入ってしまった場合、いっ
たん中断されることがあります。確定申告時期に新たな調査が始ま
ることはほとんどありません。

　ただし、継続中の調査については3月末まで中断し、4月から再
開する、というようなケースがあります。この場合、4月からまた
調査が始まり、（7月には異動があるので）6月末までに終わらせる、

という流れとなります。税務署はなるべく中断せずに終わらせようとするものですが、終わらない場合は中断もあり得ます。筆者は、6月末までに終わらなかったため、7月からは新担当者により引き続き調査が継続された経験もあります。

　結論としては、とくに多いのは秋で、それ以外の期間でも行われているということです。

● すぐ終わる調査もある？

　時期によっては、「すぐ終わる調査」となることがあります。たとえば、秋に始まった税務調査で、年内に終わらせようとして、細かいところまでは確認されないことがあります。人事異動の前に終わらせようとして、それほど深く確認されない調査もあります。

> 筆者は実際に、調査官から「年内に終わらせたいと思うので、ここだけ修正してくれればいいです」と言われた経験があります。時間的に余裕のある時期であれば、このような提案をしてこなかったと思われます。
> 同様に「異動することが決まり、それまでに終わらせたいので、6月中にこの内容で修正申告書を提出してほしい」と告げられた経験もあります。

　以上はあくまで傾向であって、絶対ではありません。たとえ余裕がない時期でも、必要があれば細かいところまで調べられます。

☞　税務調査が多いのは秋。確定申告時期は少ない。

☞　4～6月は比較的早期に終わることも。

13

税務調査は1日で終わらない？

税務調査ってどれくらいの期間かかるものなの？
何日もかかるとなると、そんなに時間を取るのも
大変です。

⚠ 1か月～1か月半ほどかかることが多い

すぐ終わることもあれば1年以上かかることも

　税務調査の期間は様々です。すぐ終わってしまう調査もあれば、1年以上かかってしまう調査もあります。

　税務調査では、まったく同じケースというのはないので、その状況（事業規模、帳簿の作成状況、資料の保管状況など）で調査期間が変わるものです。事業規模が小さいほど、帳簿や資料が完璧であるほど調査期間は短くなります。

　逆にいうと、事業規模が大きくなるほど、帳簿や資料の保存状況が悪いほど、長期間を要します。確認すべき事項が増えるほど、誤りが多いほど、時間がかかるのは当然といえば当然です。

　反面調査（項目 **15** で後述）をするような場合には、長期間かかることが多いようです。取引の相手側に確認が必要とされるので、それだけ時間もかかってしまうのです。

　とくに問題がなければ、1か月～1か月半くらいで終わることが一般的です。

大まかな流れ

税務調査の大まかな流れとしては、

① 事前通知
② 実地調査
③ 調査結果

となります。

まず最初に①**事前通知**があります。項目 **05** の通り「税務調査します」という通知です。

事前通知の後、実際に税務署の調査官と会って調査を受けることとなります（②**実地調査**）。色々と質問を受け、資料を確認されます。

何度か不明点の確認などのやり取りをした後、税務調査の結果の説明を受けることとなります（③**調査結果**）。どこが問題だったのか、修正すべきものがあるのかどうかなどの説明を受けます。ここまでで、おおよそ1か月〜1か月半ということです。

実地調査は、1日で終わる場合もあれば、2日かかることもあります。日にちを空けて3日目、4日目とかかることもあります。調べる資料の量や申告状況により異なりますし、調査結果がでるまでの期間にも影響します。

調査官の状況にもよる

税務調査をする調査官の状況によっても、調査期間は変わります。税務調査を行う調査官には、決定権がありません。調査を行って得た情報を上司に報告し、その上司が調査の方針を決めています。

調査不足のため上司への報告でつまづいていたり、上司の納得が得られないような場合には、何度も納税者と会って話をする必要がでてくるため、時間がかかります。つまり、要領のいい調査官だと比較的スムーズに調査が進むということです。ケースとしては少ないのですが、決定権のある上司が税務調査を行っているような場合には、スムーズに進むものです。

　ベテランの調査官であれば、経験からどこをチェックすればいいかわかっていますから、比較的スムーズに進みます。

> とはいえ、大きな間違いがあったりすると、さらに上の上司や、税務署長への報告なども必要となるようです。そのスケジュール調整がつかず、時間がかかってしまっている、と調査官から説明されたことがあります。

　また、調査官は複数の税務調査を同時進行で行っています。そのため、1件にかけられる時間も限られることから、長期間かかってしまうこともあるのです。

　調査が長引いたからといって、何か問題があるとは限りません。

> 半年くらいかかった税務調査で、とくに問題なく終わり、拍子抜けした経験があります。半年もかかったのは、どうやら調査官の都合であったようでした。

> すべての取引先に反面調査をしていたため、1年以上かかった調査も経験しました。全取引先に郵便にて問合せをしており、その返信を待っていた

のです。その上、調査の途中で担当者が変更に
なったこともあって、長期間の調査となりました。
結局、大きな問題などはなく、時間ばかりかかる
結果となりました。

　以上のように、税務調査の期間は様々に変わるのです。

☞ 税務調査は1日では終わらない。

☞ 通常は1か月〜1か月半くらいで終わる。

☞ 資料の保存状況や調査官の都合により調査期間は変わる。

調査で必要な手続きは？

調査ってどういうふうに始まって、どういうふう
に終わるものなんですか？
手続きとかしないといけないんですか？

⚠ **通常は最初に通知があり、結果説明がある**

🔵 税務調査の開始と終了

　税務調査の開始にあたり、こちらからの手続きは不要です。税務署側から事前通知があるだけですので、納税者側から申請や届出書を提出する必要などはありません。事前通知がない場合（項目 **05**）は、その場ですぐに調査が始められます。

　税務調査の終了時は、税務署から調査結果の通知・報告がなされます。何も問題がなければその旨を、修正すべきものがあればその事項や理由を告げられます。修正すべきものがないのであれば、こちらからの手続きは特段不要です。何かしら修正すべき事項がある場合には、**修正申告**または**更正**へと進みます。

・修正申告……納税者側から申告書を再提出すること。
・更　　正……税務署側で直す手続き。

　どちらも間違いを直す手続きではありますが、どちらが行うのかによって手続きが変わります。

● 修正申告書の提出を勧奨

　税務調査によって間違いがあった場合には、修正が必要となります。その際には、更正によるのではなく、**修正申告書**を提出するよう勧奨されます。修正申告は納税者側が修正する手続きであることから、必然的に、納税者は修正内容に納得して提出することとなります。そのため、修正申告書を提出すると、後から「やっぱりおかしい」と不服を主張することができないのです。修正申告書を提出する際には、慎重に行う必要があるということです。

　これに対し、税務署側が間違いを直す更正については、納税者が後から「やっぱりおかしい」と主張することが可能です。主張したからといって必ずしも認められるわけではありませんが、後から新事実が判明したり、新たな資料が出てきたりすれば、当初の判断が変わることがあります。

　税務署の指摘に納得できるようであれば、修正申告書を提出することで早期に終了できます。

　更正の場合は、税務署内での手続きの関係で終了まで時間がかかります。

　また、修正申告書の提出に応じることで、指摘事項について交渉できる場合もあります。

　税務署が修正申告書を勧奨するのは、

・調査結果を納税者に納得してもらいたい

・更正には時間がかかる

・早く終わらせたい

といった理由があるからです。

　税務署（調査官）としては、指摘した間違いについて、納税者にすんなりと納得してもらいたいのです。明らかに間違えているものは納税者も納得しやすいのですが、「経費になる／ならない」のように判断の難しいところについては、納税者も納得しにくいもの。そこで揉めてしまい、税務調査が長引いてしまうのは、調査官としては避けたいのです。また更正をする場合、税務署内部の処理で時間を要するので、できるだけ修正申告をしてほしいのです。

　税務調査が終了する際の手続きをまとめると、次のようになります。

● **何も間違いがない場合**
　納税者側は何もする必要はない。
　税務署側で調査終了の通知をする。
● **間違いがあった場合**
　納税者側で修正申告書を提出、または税務署側で更正。
　税務署側で調査終了の通知をする。

☞ 税務調査の終了時、調査結果の説明がある。

☞ 直すべき事項がある場合、修正申告か更正が必要。

☞ 直すべき事項がない場合、手続き不要。

15 取引先への 反面調査って?

税務調査で、取引先に迷惑や心配をかけてしまっ
たらどうしよう……。

⚠ 取引先等も調査されることもある

取引の実態がわからない場合は反面調査もある

　税務調査は、基本的には納税者本人の資料を確認することで進め
られます。A さんに税務調査を行うときには、A さんが保管して
いる帳簿や資料を確認することで、A さんの確定申告が正しいか
を調べるのです。A さんの税務調査で B さんの資料を確認するよ
うなことは、原則としてはありません。

　ただし、どうしても取引の実態が確認できないようなケースもあ
ります。

　たとえば、現金で支払った外注費などです。現金での支払では通
帳に記録が残らないため、領収書で金額を確認することとなります。
仮に、その領収書の金額が、実態とかけ離れた金額で書かれてし
まっていれば、その確認・把握は困難です。

　このように、取引の実態が把握できないと判断された場合に、税
務署は**反面調査**をすることがあります。

　反面調査とは、取引の相手方を調べることをいいます。

　たとえば、自分が外注費 50 万円を経費にしているとき、外注さ
れた相手方は 50 万円を売上にしているはずです。こちらが 50 万円

なのにあちらは30万円、ではおかしいわけです。このように、取引先にあたって取引の実態を把握しようとするのが反面調査です。

取引先に迷惑がかかる？

　反面調査では、税務署から取引先に「Aさんとの取引について教えてください」という連絡がいくことになるため、取引先にはAさんが税務調査されていることがわかってしまいます。

　税務署には守秘義務があり、税務調査で知り得た情報を他に漏らしてはいけないこととなっており、これには「どこに税務調査に入っているのか」も含まれているのですが、反面調査の場合は取引の確認という性質上、「Aさんのことで」と伝えないわけにはいかないのです。

　多くの人が心配するのが、「取引先に迷惑がかかるのではないか」という点です。反面調査があった時点で、取引先とすれば対応に時間を取られてしまうため、迷惑をかけてしまうといえるでしょう。しかも、反面調査がきっかけで、取引先も税務調査に発展する可能性がないとも言い切れません。

ある会社に税務調査が行われ、その外注先であるフリーランスの方に、反面調査として会社との取引について教えてほしい、という連絡があったことがあります。このときは、取引を調べる過程で、そのフリーランスの相談者の申告内容を確認する必要が生じたとして、フリーランスの方にも税務調査が行われることになりました。

このケースのように、まず会社に税務調査が行われ、その反面調査により委託先のフリーランスにも税務調査が行われるというのは、よくあるパターンです。

●記録を残しておく

以上のように、反面調査が行われるのは、取引の実態がわからないような場合です。言い換えれば、資料や記録などからすべて把握できる状態であれば、反面調査は行われず、取引先に迷惑もかけません。

・帳簿、請求書、領収書など、保存しておくべき資料を確実に保存。

・現金取引など記録があいまいな取引は、記録をしておく。

日常からこのように心がけておくことで、反面調査の必要性を下げることができます。

「反面調査がされるのは、不正行為があるから」と誤解されることがよくあります。実際には、反面調査の結果、何も問題がなかったということもあるものですが、そのようなあらぬ誤解を、とくに取引先に与えないよう、普段から資料等の管理・保存を徹底したいところです。

☞ 本人の情報では取引内容を把握できない場合に、取引先に反面調査をすることがある。

☞ 反面調査の予防には、資料の保存が重要。

16

調査前に間違いを直したら、調査はどうなる？

税務調査の連絡があった時点で、すぐにミスを修正したら、調査する必要もなくなったりしませんか？

⚠ 事前に修正申告しても、税務調査はある

● 事前に修正申告しても調査はある

　結論からいうと、事前に間違いを直して修正申告書を提出したとしても、税務調査がなくなることはありません。ひとたび税務調査の連絡があったら、原則として調査は行われます。自分から先に修正申告することで、その後の税務調査がスムーズに進み早期に終了することはありますが、調査自体はなくなりません。

ただし、事前に修正申告書を提出したことで、調査官から「税理士先生が入って修正申告書を提出してくれたので、大きな問題はないでしょうから、調査はやらずに終わりにします」と言われた経験はあります。
これは非常に珍しいケースです。

　修正申告書を提出した場合、

> ・修正申告書を提出した理由
> ・修正申告書が正しいかどうか

を、税務調査にて確認されることとなります。

　修正申告書を提出した理由は、必ず確認されます。何が違っていたのか、なぜ違っていたのか、どうして間違いがわかったのかについて、確認されることとなります。

加算税は課される

　税務調査の連絡を受けてから修正申告書を提出した場合であっても、加算税は課されます。

　「自分で直したのだから加算税はかからない」と誤解している人もいるものですが、そのようなことはありません。

　たしかに以前は、税務調査前に自ら修正申告書を提出することで加算税は課されませんでしたが、平成28年度の税制改正により、課税されることとなっています。

間違いがわかったら修正申告する

　加算税が課されるのであれば、自ら修正申告する必要はない、と思う人もいるでしょうが、あらかじめ間違いが発覚したのであれば、速やかに修正申告書を提出した方がいいです。

> ・税務調査の早期終了につながる
> ・加算税の割合が違うため

という理由からです。

事前に修正申告書を提出した場合、税務調査で修正申告書の内容を確認することとなるのは前述の通りです。この場合、調査官が一からすべてを確認するよりも、調査が早期終了することも少なくありません。

> 筆者は、ある調査官から「事前に修正申告書を提出してもらえると助かります」と言われた経験があります。事前に自分で調べているということで、調査官としても調査しやすいようです。

> 一方、別の調査官から「やる気なくなります」と言われた経験もあります。自分で間違いを見つけたい、という調査官もいるようです。

　また、税務調査の前に修正申告書を提出することで、加算税の取扱いが変わる（税率が下がる）ことがあります。

　税務署から間違いを指摘されてから修正する場合、過少申告加算税の税率は10％ですが、自ら修正する場合は5％となります（間違いを指摘されることを予知していないことなどの要件があります）。

　以上の通りですので、事前に間違いがわかっているのであれば、調査の前に修正申告を済ませるといいでしょう。

☞ 事前に修正申告しても、税務調査はなくならない。

☞ 間違いがわかっている場合、修正申告をしておいた方がいいことも。

17

廃業した場合や
法人成りした場合は？

既に廃業している人にも、税務調査は来るの？

⚠ **廃業していても税務調査はある**

● **廃業後も税務調査はある**

　フリーランスが廃業した後でも、税務調査はあります。

　フリーランスを続け、ある程度事業規模が大きくなると、法人成りするケースがあります。法人成りすることで個人事業は廃業となり、法人としての活動がスタートします。このときに問題となるのが、フリーランス時代の申告についての税務調査です。

　稀に「廃業したら税務調査はない」と誤解している人がいますが、そのようなことはありません。項目 **08** の通り、税金の徴収権の時効は原則として5年間です。そのため、廃業したとしても時効の範囲内であれば、税務調査は行われるのです。

実際に、法人成りしてから個人事業時代の税務調査が行われたことがあります。法人の1期目の申告書を提出しようというタイミングで、税務署から個人事業の税務調査をする旨の連絡があったのです。このときは、個人事業時代5年分の税務調査を受けました。

そのため、廃業後も個人事業のときの資料を保存しておく必要があります。

　法人成りした場合、税務署は税務調査の前に、法人の申告書も確認していることがあります。法人の申告書で直近の業績をある程度把握し、調査前に確認すべき事項などもチェックするのです。

　実際に、フリーランスとして10年くらい活動しており、その間ずっと無申告だった方のもとに、廃業後に税務調査が来たことがあります。長期間の無申告ですから、どの程度の所得があるのかを把握するのに時間がかかると思われました。

　ところが、調査官は事前に銀行口座の入出金履歴を確認しており、ある程度の業績を把握していたので、比較的スムーズに調査が進みました。

　この相談者は「廃業したので税務署は来ない」と思っていたため、かなり驚いていたことを覚えています。

☞ 廃業しても税務調査はある。

☞ 法人成り後も税務調査はある。

☞ 法人の申告書を確認されていることも。

☞ 廃業後も資料は保存しておくべき。

18 多額の税金が発生することもある？

自分のミスで罰金（加算税）がかかるというけれど、とても払えないくらい高い金額になってしまうこともあるの？

⚠ 納税できるかどうかは関係なく、課税される

● 本来納める税金が発生する

　税務調査では申告されている内容が正しいかを確認します。間違えていたのであれば、修正が必要となります。修正の結果、納税額が本来納めるべきであった税額より少額であった場合は、その差額が追加の税金として発生することとなります。既に30万円を納税していた人について、正しく確定申告していれば本来なら50万円の納税が必要であったという場合、差額の20万円が追加の税金ということです。

　所得税は、その人の所得が高くなるほど、税率が上がります（**累進課税**）。稼ぎが大きい程、税額も増えるようになっているわけです。

　言い換えると、その人の所得の範囲でしか、納税を求められない、ということです。「税金が高くて払えない」などという事態は、通常ではあり得ないことです。

　にもかかわらず、税務調査の結果求められた追加分を納税できないというケースが、実際にはかなり多いです。

```
①　本来は納税にあてるべきだったお金を、別件で使ってし
　　まっているから
②　さらに加算税がかかるから
```

という理由によるものです。

　理由①については、生活費として使ってしまっているケースが大半です。先ほどの例でいう差額20万円を、日々の出費に使ってしまい手元に残っておらず、納税ができなくなってしまったパターンです。

　理由②については、加算税（項目 **06**）のうち、とくに重加算税（税率35％）の負担が重く、要注意です。たとえば追加の税額が100万円だとすると、その重加算税は35万円となります。これが5年分、7年分ともなれば、重加算税だけで相当な金額となります。

　そもそも加算税は、当初から正しく確定申告していれば発生しない税金です。とくに重加算税は、「仮装・隠ぺい」（脱税行為）をしていた場合に課されるものであり、このような行為さえしなければ無縁のものです。

　税務調査で発生した税金は、基本的には一括で納付しなければなりません。とはいえ、現実的には、上記のように納税資金がないケースもあるでしょう。筆者の感覚では、一括納税できる人の方が少ないといえます。一括で納税できない場合には、税務署に相談し

て分割納付を検討します。

- ☞ 本来であれば、納税資金が足りないというのはあり得ない。
- ☞ 税務調査では数年分の納税が発生するので、総額が膨らむことも。
- ☞ 一括納付できない場合は、分割納付を検討。

CHAPTER 2

準備はどうすればいいのか

19 税務署から連絡があったらまずどうする？

税務調査の連絡があったのですが、なにかすべきことはありますか？

⚠ 税務調査の日までにしっかりと準備する

● 事前通知の連絡の際に気を付けること

　税務調査の前には、通常はまず事前通知（項目 **05**）があります。税務署から連絡があったら、まずは落ち着きましょう。

　税務署からいきなり連絡が来るのですから、誰でも驚きますし、不安になるというものです。まずはメモを用意して、税務署から伝えられる内容を記録しましょう。

　電話では先方の連絡先と担当者名を確認し、落ち着いてから折り返し連絡するのもいいでしょう。その税務署の担当者とは、この後に何度も連絡を取ることになるため、どの部門の誰なのかをしっかりと把握しておきます。

　そもそも本当に税務署からの連絡なのかを確認する意味でも、折り返しこちらから連絡するといいでしょう。こちらの勘違いの可能性もなくはありません。

「税務署から連絡が来た」として相談を受けたものの、よくよく話を聞いてみると、税務署からではなく県税事務所からの連絡だった、という相談

者が実際にいました。国税と県税の区別がついて
いなかったのです。
その連絡は、個人事業税にまつわる事業内容のお
尋ねでした。お尋ねに回答するだけで、とくに問
題なく終わりました。

　多くの場合、税務署からかかってきた電話が、留守番電話に残さ
れているものです。なるべく早めに、折り返しの連絡をしましょう。
　自宅に書面が届いた場合には、税務署に連絡してほしい旨が記載
されています。期日が設けられていますので、それまでに連絡した
方がいいです。ずっと放っておくと、いきなり自宅に来られる可能
性があるからです。

　担当者と連絡が取れると、事前通知となります。事前通知では、
基本的には税務署側から告げられる事項を控えておけばいいだけで
すが、次の項目についてはとくにしっかりと控えておきましょう。

---

①　担当者の名前
②　調査宣言された税目と年数
③　日程

　その後の税務調査は、基本的に事前通知をしてきた担当者と連絡
を取ることとなります。そのため、①担当者の名前はしっかりと確
認しておかないと、こちらから連絡をするときに困ることもありま
す。
　また、担当者の名前から、役職を知ることもできます（税理士等
であれば税務職員録などを持っていることが多いのです）。役職が
課長クラスなのか、一般の職員なのかにより、税務署側の力の入れ

ようがおよそ見当つくこともあります。

　税務署から電話があったら、できれば一度こちらから、税務署に連絡した方がいいでしょう。ケースとしては少ないですが、税務署を騙（かた）った詐欺（サギ）の可能性もあるからです。

実際、筆者の自宅にも税務署を名乗る人物から電話があり、「税務調査に行きたい」と告げられたことがあります。電話対応をした私の母は、電話してきた人物の名前を控えました。私の両親は会社員であり、確定申告をする必要などなかったので不信に思い、税務署に問い合わせたところ、「そのような名前の職員はいない」「税務調査の予定はない」とのことでした。

　これは非常にレアケースではありますが、確認のためにかけ直すことは悪いことではありませんし、そのためには担当者名の確認が必要です。

　事前通知で一つ重要なのが、②調査宣言された税目と年数です。**税目**は、所得税だけなのか、それとも消費税も含まれているのか。**年数**（調査の対象期間）は、3年なのか5年なのか……。これらによって、用意すべき資料がわかりますし、税務署側の意図もある程度は推測できます。

　調査期間は通常、3年と伝えられることが多いです。それが、通知の時点で5年と伝えられるという場合、税務署としてはしっかりと調査しようとしている可能性があり、とくに注意を要します。

　事前通知の段階で、まだ消費税の申告をしていないにもかかわらず、消費税も調査対象に含まれている場合にも注意が必要です。消

費税の申告義務がある可能性が高く、税務署側が何かしらの情報を得ていると考えられます。

　③日程についても、しっかりと確認しておくべきです。日程調整の余地があることは、既に繰り返し解説してきた通りです。納税者としては、必要書類の準備をしなければいけませんから、あまりにすぐの日程では苦労することになります。

● 税務調査の連絡があったらやるべきこと

　事前通知があってから、実際に税務調査の日まで空くこととなります。この期間に税務調査の準備を進めます。具体的な準備には、

・必要書類の準備

・税務調査を受ける場所の確保

・日程の調整

・申告内容の見直し

・税理士への依頼

などがあります。

　まず、必要な書類の準備が必要です。必要書類については、次の項目 20 で詳しく説明します。どれだけ調査の準備をできるかで、結果が変わってくることもありますので、万全の準備をしたいところです。

　税務調査は、基本的に自宅や事務所で行われるため、その準備も必要です。自宅のリビングや、事務所の会議室などで問題ありません。

　日程については、仕事を優先して問題ありませんが、あまりに先

延ばしを繰り返すと、協力する気がないと思われ、よくありません。資料を準備する時間を考慮しつつ、なるべく早めに調査を受けるように調整した方が無難です。

　資料の準備と並行してすべきこととして、申告内容の見直しがあります。確定申告書を提出した時点では気づかなかった間違いに、時間が経つことで気づけることもあります。大きな間違いなどを発見した場合には、修正申告書を提出することも検討した方がいいでしょう。

　間違いを発見した場合には、どこをどう間違えていたのかを説明できるように準備しておくことも大切です。軽微な計算ミスや勘違いであれば問題ありませんが、大きな金額であれば税務署から質問されますので、あらかじめ想定しておきます。

☞ メモを用意して、電話で伝えられたことを記録しよう。
☞ 難しい場合は後日に折り返し連絡しよう。

20 準備すべきものって？

準備が必要ということですが、確定申告書の控えがあれば大丈夫ですか？

⚠ 帳簿など必要な資料を用意するべき

● 税務調査で用意するべきもの

税務調査の連絡があったら、資料を用意しなければなりません。具体的には、

- ・帳簿
- ・通帳（事業で使用しているもの、生活用のもの）
- ・売上がわかるもの（請求書、支払通知書、領収書など）
- ・経費がわかるもの（領収書、請求書、クレジットカード明細など）
- ・契約書関係

などです。大きく分けると、帳簿と売上・経費がわかるものです。

帳簿に加えて、帳簿に記載の売上・経費が正しいかを確認できる書類も必要となります。

これらについて、調査の年分について用意するのは当然ですが、事前通知で告げられた期間よりさらに以前の取引についても確認が必要となる場合もあります。仮に3年分と告げられていたとしても、

できれば 5 年分は用意しておいた方がいいでしょう。

　資料や帳簿を税理士に預けたまま、ということもよくあります。確定申告書の作成を依頼した税理士に資料を預け、そのまま返却を受けていないパターンもよくありますので、しっかりと返却を受けておくべきです。とくに税理士側で帳簿を作成している場合には、その作成した帳簿も受け取っておきましょう。

資料を提示できるように

　最近は、請求書などをデータで作成し、そのままメール等で送付するケースも増えています。紙ではなくデータで保存しているケースも見受けられます。

　紙ではなくデータであっても、しっかりと保存されており、税務調査でいつでも提示できる状態であれば、何も残されていないよりはいいでしょう。

　実務では、印刷するにはあまりに大量というデータファイルの場合、USB メモリ等に保存して税務署に預けたり、データファイルをその場で調査官のパソコンにコピーすることもよくあります。

　本来は紙で保存しておくべきものを、データ保存していたからといって税務署から厳しく追及されることはありませんが、原則は紙で提示することとなりますので、データ保存しているものがある場合には、事前に印刷しておく必要があります。

　電子帳簿保存法*の改正により、2024 年 1 月から、電子取引についてはデータのまま保存することが義務付けられています。しっかりと対応しておくことが求められます。

帳簿がない場合

「帳簿が必要なのは青色申告だけで、白色申告は不要」と誤解している人を、しばしば見受けます。白色申告であっても、個人事業者であれば帳簿を作成しなければなりません。

青色申告者の場合は、帳簿がないことで青色申告の取消し等になる可能性もあります。仮に帳簿を作成していなかった場合には、税務調査の際、どうやって確定申告書を作成したのかを説明できるようにしておかなければいけません。売上金額や消耗品費などの経費をどうやって計算したのか（通帳に入金された金額を合計したのか、請求書を合計したのか、領収書を合計したのか）など、青色決算書（収支内訳書）に記載した数字を計算した根拠について、説明を求められます。

税務調査では、数年前のことを聞かれることもあります。仮に大きな売上もれがあった場合に、「どのように計算したのか」を説明できないと、あらぬ疑いをもたれてしまうおそれもあります。

☞ 確定申告書を作成する元となった資料を準備。

☞ データで保存している資料は印刷しておく。

☞ そもそも帳簿がない場合、確定申告書を作成した根拠を
　説明できるようにしておこう。

＊　正式名称は「電子計算機を使用して作成する国税関係帳簿書類の保存
方法等の特例に関する法律」。

21 仕事が忙しくて都合が つかない場合は？

平日の日中は仕事で忙しくて、調査の対応なんて無理です。
どうしたらいいですか？

⚠ 都合が悪ければ日程調整することができる

🔵 平日 10 時～16 時の予定を空ける

　税務調査では、原則として平日の日中でないと、税務署側が対応してくれません。会社員のご相談者からは「土日なら休めるのに」とか「仕事が終わった夜だったら時間が作れる」などと、よく聞かれるものです。税務署は土日には閉まっており、平日も 17 時までですので、「平日の 8 時 30 分～17 時」の間で予定を調整しなければなりません。

　通常は、10 時から開始と指定されることが大半です。調査にはある程度の時間がかかり、午前中から始めて夕方 16 時くらいまでかけて行われます。つまり、ほぼ終日の予定を空けなければいけないのです。

　フリーランスであれば、仕事の予定を調整することで、ある程度は（会社員よりは）都合を合わせやすいでしょう。とはいえ、取引先や仕事仲間との関係から、なかなか都合がつかないこともあり得ます。

　取引先に「税務調査が入った」と伝えることを躊躇する人も少な

くありません。税務調査があるということで、何かしら税金を誤魔化していると思われるのではないか、と誤解されることを危惧するからです（項目 **15**）。

どうしても都合がつかない場合は相談する

　基本的には仕事を優先してかまわないのですが、あまりに先延ばしにしてしまうのは、よくありません。

　先延ばしにしすぎると、税務署側が調査を始めてしまう可能性があります。銀行調査や反面調査をされる可能性もあります。反面調査はできれば避けたいところです。

　どうしても仕事の都合がつかない場合には、税務署にその旨を伝えて相談しましょう。一番マズいのが、何も連絡せず放置しておくことです。

　正直に「仕事が忙しくて予定を合わせられない」と伝えれば、対応してくれることもあります。

実際にあったケースで、「1 時間でもいいから時間を作ってほしい」と言われたことがあります。「本来は 10 時から 16 時くらいまで時間を取ってほしいところですが、仕事の内容など事業概況の聞き取りだけでもさせてほしい」とお願いされ、本当に 1 時間単位で時間をつくりました。仕事の前後などに税務署に立ち寄り、1 時間だけ話をすることで、調査を進めたのです。

別のケースで、「20時までなら対応できる」と言われたこともあります。相談者の仕事が終わった後、税務署の入口にて調査官と待ち合わせて、正面ではなく別の出入口に通され、わずかな時間で少し話を進めたのでした。

「話をするのは後にして、ひとまず資料だけ先に確認させてほしい」と言われたこともあります。このケースでは、相談者の家族が税務署に資料を持参して預けることで、先に資料の確認から行われました。

　すべての税務調査で時間外の対応をしてくれるわけではありませんが、税務調査の進め方について、個別に相談することもできるのです。繰り返しますが、都合がつかないからといって何も連絡しないのは、賢明ではありません。

☞ どうしても都合がつかない場合は、税務署と相談しよう。
☞ 限られた時間だけでも都合がつくならば、その旨を伝えてみる。
☞ 先に資料だけ預けて調査を進めてもらえる場合も。

22

調査を受ける場所は自宅以外に変更できる？

自宅に税務署の人が来るなんて困ります。
自宅以外の場所にしてもらえないものでしょうか？

⚠ **理由次第では、自宅以外の場所でも可能**

🔵 基本は自宅や事務所。資料の保管状況を確認される

　税務調査は基本的に、自宅や事務所に調査官が訪ねてきて、その自宅等にて調査を進めることとなります。

　調査が進むにつれ、何度も調査官と会う機会がでてきます。その際は、納税者側が税務署に赴き、話をすることも多くなります。

　初回は自宅にて、その後は税務署にて、というケースも少なくありません。

　いずれにしろ税務署は、一度は自宅や事務所を確認したいと考えています。帳簿や領収書など、資料の保管状況を確認したいからです。

　とくに税務署が重視しているのが、帳簿を作成する前の原始資料です。仕事に関する内容をメモしたものや、殴り書きで書いたようなものを、確認しようとします。たとえ読みにくいものであっても、取引の実態を把握するための重要な資料になるとして、税務署は重視しているのです。

納税者にとってはそれほど重要だと思っていない資料を確認したいと言われることもあります。たとえば、仕事のスケジュール帳なども重要な資料とされます。スケジュール帳を見ればどのような仕事をしていたのかを把握できるため、売上の請求書などと付け合わせて、売上のもれがないかを確認するのです。

　このような原始資料を確認したいこともあって、自宅で調査を進めるのです。

　そのほか、自宅を事務所としても使用しているような場合には、仕事での使用割合がどの程度なのかを確認するためという目的もあります。

　通帳などの保管場所を確認されることもあります。多額の現金がある場合には、その現金の出所も確認されます。

どうしても無理なら別の場所で

　基本は自宅での調査となりますが、自宅で税務調査を受けることが困難な何かしら理由がある場合は、自宅以外の場所で調査を行うこともあります。

　実際にあったケースで、自宅には介護が必要な家族や、重い障がいのある家族がおり、他人を招くことが困難であったことから、自宅ではなく税務署の会議室で調査が行われたことがあります。

　別のケースでは、子供に喘息の症状があるため、感染症の影響を考慮して、近隣の会議室を借りての調査となったこともあります。

個室であれば、会議室での調査も可能です。税理士に委任している場合には、税理士事務所で調査を受けることもできます。筆者も「先生の事務所でもいいですよ」と言われた経験があります。いずれのケースも、資料をすべて持参する必要がありました。

　ただし、「単純に自宅では嫌だから」という理由では、認められない可能性が高いでしょう。

☞ 基本は自宅で調査を受ける。

☞ 自宅では難しい理由がある場合、例外的に別の場所でも可能。

23 帳簿がない、領収書もない！

そもそも帳簿を作成していなかったり、領収書をなくしちゃったりという場合は、どうすればいいですか？

⚠ それでも可能な限り対策を

資料を紛失したことにより不利な扱いに

税務調査の現場でよくあるのが、「引っ越しの際に誤って資料を破棄した」です。帳簿や領収書などを、引っ越しや掃除で捨ててしまっているパターンを、本当によく見受けます。

税務署側もこのことをよくわかっていますが、どのような理由であっても紛失した事実に変わりはないとして、税務調査では不利になってしまいます。具体的には、

① 青色申告特別控除
② 消費税の仕入税額控除
③ 重加算税

などに影響してきます。

例えば①**青色申告特別控除**を受けている場合、取消しになってしまうことも考えられます。

実際に、帳簿を紛失したことで65万円の青色申告特別控除が10万円になってしまったケースがありました。幸いにも、青色申告の取消しにはなりませんでしたが、控除額が55万円も減額されてしまいました（5年分それぞれで）。この減額だけでも大きな痛手でした。

　帳簿を作成していたにもかかわらず、紛失してしまった場合には、帳簿を作成していた事実がわかるものだけでも提示することが重要です。

たとえば、青色決算書を作成する前の試算表が残されていたことがありました。このケースでも、パソコンにデータが残されたままでありそのパソコンが故障して帳簿の確認ができなかったのですが、印刷されていた試算表を提示することで帳簿を作成していた事実があったことは理解してもらえました。

　資料を紛失していることで最も注意しなければいけないのが、②**消費税の仕入税額控除**です。
　所得税の場合であれば、何も資料が保存されていなかったとしても、通常発生すると思われるものについては経費として認めてくれることもあります。販売業であれば、当然ながら仕入があるはずです。飲食店であれば材料代、建設業であれば道具代など、その業種によって通常発生すると思われる経費については、所得税は資料が何も保存されていなくても認められることがあります。
　その一方で、消費税の場合は、帳簿の作成保存と領収書などの原

始資料の保存がなされていないと、仕入税額控除（経費のようなもの）が認められません。これらを紛失していると、かなりの負担となってしまいます。最も気を付けたいところです。

　資料を紛失している場合には、③**重加算税**の扱いを受けてしまうこともあります。保存しておかなければいけなかった資料を、意図的に破棄したと判断された場合です。

　資料を紛失した場合には、その理由を問われます。「火事で焼失した」など、やむを得ない理由がある場合には、その旨を説明できるようにしておきましょう。

> 実際に、資料を盗難されたという人がいました。
> 自宅に空き巣が入り、通帳や帳簿などを入れていたケースを、丸ごと盗まれてしまったのです。
> 警察に盗難届を提出していたので、それを税務署に提示することで、不利な扱いを受けることはありませんでした。

　火事や盗難などで紛失してしまった場合には、その証明をできる資料を用意しましょう。

可能な限り再発行する

　資料を紛失している場合には、可能な限り再発行しておきましょう。通帳やクレジットカード明細などです。それぞれ発行に時間がかかりますから、早めに手続きをしておくべきです。とくにクレジットカード明細の再発行には、それなりの時間がかかるものです。

　Amazon などネットで購入したものについては、購入履歴などを

用意しておくことも必要です。車の整備費用なども、再発行ができたケースもあります。

　いずれにしろ、支払の事実を示すためには、何かしらの資料が必要です。前述の通り、資料なしでは消費税の仕入税額控除が認められませんが、実務上では何かしら支払の事実が確認できれば、認めてもらえることもあります。諦めてはいけません。

実際に、帳簿や領収書が何もなかったケースでも、銀行口座の引き落とし履歴やクレジットカード明細などから支払の事実が確認できたものについて、仕入税額控除が認められた経験があります。

　領収書の紛失で困ることが多いのが、外注費です。建設業などで現金払いの外注費について、何も資料が残されていないことが非常に多いです。再発行が難しいですし、金額も大きくなりがちです。とにかく、何かしら取引があったことを証明する書類を用意するよう努めましょう。

実際にあったケースで、「仕事の予定表などに外注費の人工が書かれていた」「売上の請求書に人工数の記載があった」ことにより、外注があったことの証明ができたことがあります。

　相手先と連絡が取れる場合には、いまから（後から）でも、領収書のようなものを書いてもらうのも有効です。

筆者は、【20XX年 ○○円 受領しました。】と記載してもらい、本人のサインと押印ももらった上で税務署に提示して、認められた経験があります。

帳簿をきちんと提示する

　帳簿については、しっかりと提示できるよう、念のため確認しておきましょう。

　よくあるのが、パソコンにデータのまま保存していて、税務調査の当日にデータが見つからず、確認できないという事態です。

実際に、税務調査の直前にパソコンのOSをアップグレードしたことで、会計ソフトが使用できなくなり、帳簿を出力することができなかったことがありました。あらかじめ筆者が確認した時点では問題なかったにもかかわらず、税務調査当日に確認できなくなってしまったのです。税務署からは「帳簿が確認できない以上、65万円の青色申告特別控除は適用できない可能性がある」と告げられました。

このケースでは、確定申告書を作成した当時の試算表と仕訳帳の一部が保存されていたことから、これらを提示の上、帳簿を作成していた事実を主張したところ、認めてもらうことができました。

このケースのように、不測の事態であっても、何かしら帳簿を作成した事実を示せないか、検討してみる姿勢が大切です。

　そもそも帳簿の作成をしていない場合には、確定申告書をどうやって作成したのかを、説明できるようにしておきましょう（項目20参照）。

☞ 紛失した資料は、可能な限り再発行。
☞ 再発行が難しい場合は、何かしら事実を示すものがないか検討。
☞ 帳簿を作成していない場合は、どうやって確定申告書を作成したのかを説明できるようにしておこう。

24 そもそも無申告の場合は どうするべき？

そもそも確定申告をしていない人は、どうすれば いいですか？

⚠ **税務調査が始まる前に確定申告する**

● **様々な方法で情報を集めている**

無申告でも税務調査があるのは、前述の通りです。

無申告者に対する税務調査は、厳しくなる傾向にあります。納税する意思がないと見なされてしまうからです。

確定申告書を提出していれば、仮にミスがあったとしても、納税する意思があったと判断できます。

「無申告は把握されないのでは」と誤解する人もいるものですが、税務署は様々な方法で情報収集しています。

代表的なのが**支払調書**です。支払調書は、誰にいくら支払ったかを記載しているものですから、収入があるにもかかわらず確定申告書を提出していないと、すぐにわかってしまいます。

また、税務署は、日々の税務調査において、調査対象者の情報だけでなく、その取引先等の情報を集めることもしています。ある納税者がどこにいくら支払っているかを調査する過程で、その取引先についての情報も蓄積しますから、そこから別の納税者について無申告の疑いが浮上したりするのです。

このように、無申告は思わぬ形で把握されるものなのです。

確定申告することがなにより重要

無申告である人は、すぐにでも確定申告をしましょう。無申告に対する税務調査は厳しいですから、その前に確定申告書を提出したいところです。

確定申告書を提出することが難しかったとしても、収入や経費がわかる書類を用意しましょう。

無申告に対する税務調査でも、適正な課税を目的としており、基本的には通常の税務調査と変わりません。収入や経費に関する資料が必要になります。

無申告の税務調査では、多くの場合、最初から5年分の調査をされます（申告している場合は3年分が通常）。また無申告加算税が課されます。

自力で確定申告書を作成することが困難という人は、税理士に相談することも検討しましょう。

☞ 無申告の場合は、すぐにでも確定申告するべき。

☞ 無申告であった理由を聞かれるため、説明できるよう準備。

☞ 税理士に相談することも検討しよう。

25 実は脱税してしまっている場合は……

実は脱税しているという人は、どうすればいいですか？

⚠ 修正申告をして正直に話す

● 脱税は厳しい対応をされる

　誰もが「税金の負担を減らしたい」と考えるものですが、だからといって脱税をしてはいけません。

　脱税をしていると、税務調査でも非常に厳しい対応をされます。調査官からの質問も厳しいものとなります。どのような理由で脱税行為をしたのかなど、細かく追及されます。

　「偽りその他不正の行為」や「仮装・隠ぺい」（脱税行為）をしている場合、過少申告加算税より負担の重い、重加算税が課されます。調査対象年分についても5年ではなく7年となることが多く、その分さらに税負担が重くなります。

　万が一、脱税に該当する行為をしてしまっている場合、調査が入る前に、すぐにでも**修正申告**をするべきです。税務調査の事前連絡の後であっても、速やかに修正申告をしましょう。

● 嘘をつかない

　脱税している状態での税務調査は絶対に避けたいところですが、

万が一そのような状態になっても、税務調査で絶対に嘘をつかないことです。なぜ脱税したのかを細かく聞かれることとなりますが、その際に嘘や、事実でないことを伝えてしまうと、辻褄が合わなくなって何度もしつこく質問されることとなり、調査が長期化してしまいます。

　故意ではなくミスである旨を主張するケースも多いものですが、これも辻褄が合わないと追及され、長期化することとなります。

● 本当にミスである場合は主張すべき

　税務調査では間違いがあると税務署側は疑ってきます。仕事ですから仕方がないのですが、どうしても「わざと税金を減らしたのではないか」と疑われます。意図的に税金を減らしている場合は、正直に話しましょう。

　ですが、意図したものではなくミスである場合には、その旨を主張すべきです。稀に「単純なミスであるのに意図的に税金を減らそうとした」と判断されてしまうこともあります。公平な課税をするために仕方がないのでしょうが、税務署は疑り深いのです。本当にミスである場合には、その旨を主張しなければいけません。嘘はつかず、事実を伝えるようにすることが重要です。

☞ 脱税していると厳しい対応。

☞ 重加算税が課せられ負担が重くなる。

☞ できるだけ速やかに修正申告をするべき。

☞ 嘘はつかず事実を伝えた方が賢明。

---

26 誰かと一緒に調査を受けることはできる？

税務調査を1人で対応するのは不安です……。

> ⚠ 税理士に相談し、立ち会いを依頼することができる

● 税理士が立ち会いすることもできる

税務調査には、税理士が立ち会うこともできます。筆者も、申告書作成等の相談を受け、さらに立ち会いをすることがよくあります。

税理士が税務調査の立ち会いをする場合には、「税務代理権限証書」という、委任状のようなものが必要です。

1人で調査を受けることに不安があるという場合は、税理士への依頼を検討するといいでしょう。

● 税理士に依頼するメリット

税理士に依頼すると当然、その報酬がかかります。税務調査は1日では終わりませんから、長引いた分だけ報酬がかさむこともあります。

一方で、税理士に依頼することで、

・税務署とのやり取りを税理士に任せられる
・税務署の指摘事項が妥当かの判断を聞ける
・税務署からの信用度があがる

といったメリットがあります。

　実感として、税務署（調査官）とのやり取りを負担に感じる人は多いようです。税務調査は1日では終わりませんし、何度も調査官とやり取りをしなければなりません。また税務署との連絡は平日の日中に限られ、仕事などでなかなか連絡もままならないということもあるでしょう。税理士に依頼することで、このような連絡もすべて税理士に任せられます。

　税務調査の結果、税務署から誤りを指摘されれば修正しなければなりませんが、なかには誤りとはいえないような事項を伝えられることもあります。ある支払が経費になるかどうかなど、解釈の違いなどによって判断が分かれることもあります。そのような場合には、税法に基づいた判断が必要です。このように専門的な税務知識が求められたとき、税理士に依頼していれば判断を委ねられます。

印象が良いという面も

　税理士が関与した方が、税務署側の印象が良いこともあります。

> 現に筆者は、調査官から「税理士が関与してもらうと助かる」と言われたことがあります。平日の日中だと納税者も仕事をしていることが多く、なかなか連絡が取れないところ、税理士が関与していれば連絡がつくので助かる、というのです。さらに、調査した結果をふまえた修正すべき事項の調整もスムーズであるといいます。

　調査官とすれば、税理士がいることで連絡・説明等の手間が省けるというわけです。

また、税務調査の目的には、納税者が今後は適正な申告をするよう指導する面も含まれますが、その意味でも税理士の存在は、調査官を安心させます。

> 筆者は、税務調査が終わる際に「先生が関与してくれるので、今後はしっかりやってもらえるでしょうから」という趣旨のことをよく言われます。厳密に判断するならば、本来は修正が必要だが、今後はしっかりと申告するだろうからと、修正ではなく指導となることもあります。

　以上の通りですので、場合によっては税理士に依頼することも検討しましょう。

☞ 税務調査について税理士に相談することも有効。

☞ ときには税法に基づく判断が必要となることも。

☞ 税理士に税務調査の立ち会いを依頼するとスムーズ。

CHAPTER 3

調査当日

27 当日の質問にはどう答える？

税務調査の当日は、どういうスタンスで臨むべきですか？
黙っていたら追加の税金が発生したりしませんか？

⚠ 何事も正直に事実を伝える

● 税務調査の当日に気を付けるべきこと

　税務調査の当日は、**聞き取り調査**（ヒアリング）がメインです。調査官から、仕事内容、経歴、仕事の受注から請求・入金までの流れ、確定申告書の作成方法など、様々なことを質問されますので、一つひとつ回答を重ねます。往々にして、この聞き取りに多くの時間が割かれ、その場で帳簿や資料を細かくチェックするようなことは稀です。

　とくに近年は新型コロナウイルスの影響により、長期間滞在することはせず、必要な資料は預かるということが多くなりました。資料を預かる場合は、お昼ごろにはその日の調査が終わりになることも多いです。聞き取り調査により、どのような資料が残っているのかを確認し、そこから必要な資料を預かっていくという流れです。

事実を伝えるように

　聞き取りで気を付けるべきなのは、嘘をつかないということです。色々と質問されるうち、慌ててしまって、適切ではない回答をしてしまう人も多いものですが、事実をそのまま伝えるよう心がけましょう。

　稀にですが、よかれと思って事実と違うことを伝えてしまう人がいます。事実ではないことを伝えたところで、あらぬ疑いをもたれたり、調査が長引いたりするだけです。

実際にあったケースで、「売上は現金でもらっていますか？」という質問に対し、実際は銀行に振込入金されているにもかかわらず、「現金です」と回答した相談者がいました。現金と伝えた方がわかりやすい、と思ってしまったようです。
調査官は、振込以外にも現金による売上があるものと思い込んでしまい、念入りに調査をしたため、かなりの期間がかかってしまいました。

別のケースで、相談者が忘れてしまっていたことについて適当に回答してしまい、あらぬ疑いをもたれたことがあります。売上請求書はあるのに入金が確認できないものについて質問された際、「その仕事自体がなくなったので、代金はもらっていないと思う」と回答したのですが、調査が進むうち、現金で受け取っていたことが判明しました。いつもは銀行振込なのですが、このときだけ先方の都合で、現金にて受領しており、そのこと

をすっかり忘れていたため、適当に「受け取っていない」と回答してしまったのです。結果として、現金売上を隠そうとしたのではないかと疑われることとなりました。

このケースでは、金額が少額であり、また現金売上がこの1回だけであったことから、大きな問題とはなりませんでした。

　思い出せないことがらや、わからない質問については、即答せずに調べてから回答しましょう。すぐその場で回答できなくても問題はありません。

☞ 嘘はつかず、事実を伝えよう。
☞ 忘れていることやわからないことは調べてから回答。

28　調査当日はどんな流れ？

税務調査の当日は、どのような流れで進むのですか？　調査する人の性格とかで変わりますか？

⚠ **ある程度の流れは決まっている**

◉ **当日の基本的な流れ**

　当日の調査は、だいたい10時から17時くらいまで行われると考えておけば問題ありません。

　税務調査当日のおおまかな流れは、次のようなものです。

　調査は10時頃に開始されます。まずは、事業概況や確定申告書の作成状況の聞き取りです。仕事についてだけでなく、確定申告はどのように作成しているのか、どのような資料・帳簿類が保存されているのか、などを質問・確認されます。

　この段階では、どの資料をみれば正確な数字を把握できるのかを確認することを主目的としているので、資料を細かくチェックして数字を付け合わせるようなことはあまりしません。ここまでが午前中です。

　12時頃に1時間くらいのお昼休憩をはさみます。

　午後からは、

・帳簿や資料のチェックを開始
・預かる資料や次回の予定を決定

などとなります。いよいよ本格的に、資料の確認がなされます。まずは、売上の資料からチェックされるのが一般的です。売上額そのものと、そこに大きな間違いがないかどうかのチェックです。重大な間違いがあった場合には、その原因を調べられます。

　およそ16時〜16時30分頃、調査は終わります。

　なお、項目**27**でも前述の通り、コロナ禍では滞在時間を短くする場合もありました。本書執筆の時点でも、午前中だけで終えるということもあります。

事業概況の聞き取りがメイン

　繰り返しますが、税務調査当日は、事業概況の聞き取りがメインとなります。帳簿や資料のチェックは、これらを調査官が預かることで税務署内部でも行うことができますが、納税者本人に直接話を聞けるのは、直接会ったときだけですから、本人から直接話を聞けるときに必要なことをすべて聞こうとするわけです。

　具体的には、仕事の内容や、どのような流れで仕事を受注するのか、そして請求から入金されるまでの流れを細かく聞かれます。どのような資料を作成しているのか、見積書は作成するのか、支払通知書などがあるのか、金額はいつどうやって決まるのか、等々です。

　調査当日に「これは経費にならない」といった指摘をされることをイメージされることが多いようですが、そのようなことはほとんどありません。

- ☞ 当日の調査は10時〜17時が目安。
- ☞ 午前中は聞き取りがメイン、午後から資料のチェック。
- ☞ 夕方に資料を預かり、手続きや今後の予定を決める。

29

お茶や昼食は
用意するべき？

調査官の人に昼食や、お茶・お菓子を用意した方がいいですか？

⚠ 用意は不要

● 何も用意しなくても問題ない

税務調査は、夕方までかかることがよくあります。お昼をまたぎますので、昼食をどうすればいいのか、気にする人もいるものです。

かつては、納税者側が用意した昼食を、調査官が昼食代を支払った上でいただくということもあったようですが、現在では、たとえ昼食を用意したところで手をつけませんので、用意する必要はありません。

相談者が、調査官のためにお弁当を用意していたことがあるのですが、そのときも手をつけることはありませんでした。せっかくだから、無駄になってしまうからと勧めていましたが、丁重に断られていました。

お昼になると調査官は、お昼休憩として外出するものです。この間に、午前中に調査したことを上司に報告し、午後にやるべきことの指示を受ける必要があるため、外に出たいという事情もあるようです。

実際、お昼休憩後に午後の調査が始まった際、調査官から「上司に相談したところ」と言われることがよくあります。
「上司に相談したところ、本日は資料をお預かりして、もう終わりにさせていただきます」と言われたこともあります。
「上司から、正式な記録を取るように言われまして」と告げられたこともあります。

　ですので、むしろ何も用意しない方がいいのですが、どうしてもという人は、お茶やコーヒーくらいであればお出ししてもかまわないと思われます。ただし、ペットボトル等ごとお渡しするのではなく、コップなどにお注ぎしてお出ししましょう。

過去に、相談者に出されたペットボトルを持ち帰ったあとで、後日にお茶代150円を持参した調査官がいました。おそらく、税務署内にてそのように指導されたのでしょう。

☞ 昼食は用意する必要はない。
☞ 飲み物くらいは用意してもかまわない。

30 調査当日はどんな質問をされる？

当日はどんなことを聞かれるの？　ある程度決まっていたりするのですか？

⚠ 質問事項はある程度決まっている

ピンポーン♪

🧑 来たみたいですね。確認してきます。

（調）Aさんでしょうか？　○○税務署の▲▲と申します。

🧑 はい。お待ちしていました。中へどうぞ。

〜〜〜

（調）今日はお時間をとっていただいてありがとうございます。○○税務署の▲▲です（身分証明書を提示）。

🧑 Aです。よろしくお願いします。すいません。名刺を用意していなかったのですが……。

（調）大丈夫ですよ。Aさんご本人さまですよね？

🧑 税理士の内田です。よろしくお願いします（税理士証票を提示）。ではAさんと私はこちらで、▲▲さんはそちらに座っていただいて。

~~~

税務署からこちらまでどれくらいかかりましたか？

だいたい 30 分くらいですね。意外と近かったです。あらためまして、今日はお時間を取っていただきありがとうございます。予定では、夕方 16 時過ぎくらいまでと考えているのですが、大丈夫でしょうか？

はい。空けているので大丈夫です。お茶をどうぞ。

せっかくですが、飲み物は大丈夫です。ところで、確定申告書には内田先生のお名前はなかったのですが、A さんと内田先生は以前からお知り合いだったのですか？

はい。知人に紹介してもらって以前から色々と相談させてもらっていました。初めての調査で不安だったので、今回は立ち会いをお願いしました。

そうなのですね。先生もお忙しいのではないですか？

確定申告の時期はちょっと大変ですけど、それ以外の時期はそうでもないです。

そうですか。早速ではありますけど、早めに終わらせられればと思いますので、始めさせていただきますね。まずはお仕事の内容などから、質問させてください。確定申告書には「フリーランス」と書かれていますけど、具体的にどのようなお仕事をされていますか？

ライバーです。ライブ配信して収入を得ています。

調 ライバーですか？　すいません、あまり聞いたことがない
のですが、どのようなお仕事ですか？

ライブ配信をするのですけど、それで観てもらった人から
応援してもらって、それが収入になります。

調 ライブ配信というのはどういうものでしょう？

ちょっと違いますけど、YouTube などをイメージしてもら
うと、わかりやすいかもしれませんね。

調 動画配信でしょうか？

そうですね。録画したものではなくて、ライブ配信です。生
放送ですね。

調 生放送ですか。それを見てもらった人に応援というのは、ど
ういうことですか？

応援したいと思ってくれた人が、投げ銭してくれるんです。

調 投げ銭？

YouTube にもありますけど、お金を送ることです。応援し
たいと思った人にお金を送るのです。

そうです。たくさんの人から応援してもらうようになって、
たくさん投げ銭をしてもらえると収入も増えます。

調 なるほど。チップのようなものですか。

まぁ、そう考えていただいてもいいかもしれません。

調 そのライブ配信は、どれくらい前からやっているんですか？

🐹 2017年からなので、だいたい5〜6年くらいです。最初は全然収入がなかったので、YouTubeもやっていましたけど。

調 ライブ配信は5〜6年くらいで、それ以外にYouTubeもあるんですね。ライブ配信はそんな前からあったんですか？

🐹 私が使い始めたサービスは、2017年から始まってました。最初は知名度もなかったですけど。

調 なんていうサービスですか？

🐹 ○○というものです。他にも○○、○○などもちょっと使ってます。

調 いくつかあるのですね。始められたきっかけは、何だったのですか？

🐹 YouTubeは友人に誘われてやってみました。ライブ配信はYouTubeをやっていたので、すぐできるかなと思って。やってみたら楽しくて、続けられました。

調 なるほど。YouTubeを始められる前は、働いていたのですか？

🐹 はい。新卒で入社した会社で数年働きながらYouTubeをやり始めて、ある程度収入が増えたので会社を辞めました。

調 会社を辞めたのはいつですか？

🐹 えっと……たしか7年くらい前だったかと思います。すいません、ハッキリ覚えてないです。

調 わかりました。今のライブ配信の収入はどうやってもらってます？

どうやってというのは？

「現金で手渡し」か「銀行振込」か、ということですよね？

ああ。すべて銀行に振り込まれます。

それは、ライブを見てくれた人が、直接Aさんの銀行に振り込むのですか？

いえ、違います。アプリを管理してる会社があって、私はそこに所属している形です。なので、その会社から振り込まれます。

アプリで配信しているのですか？

はい、そうです。

そのサービスの管理会社があるんですね。収入は、毎月その会社からの振込入金だけですか？

そうです。

その会社から、支払明細のようなものはもらえるんですか？

「支払明細」ってなんですか？

給与明細のような感じで「今月はこれだけ払います」と記載されているものです。

ああ、それならデータでもらってます。毎月メールで届きます。

メールで届くのですね。毎月の金額は、会社側で計算しているんですか？

そうです。

収入は、どちらの銀行に振り込まれますか？

○○銀行の○○支店です。

それ以外の銀行に入金されることはありますか？

ないです。収入は全部○○銀行です。

わかりました。ちょっと話が変わりますけど、ご出身はどちらですか？

出身ですか？　千葉県です。

そうですか。こちらに来られたのはいつ頃ですか？

大学入学のときです。

そうなのですね。じゃあ、大学に入学されてから、ずっとこちらにいらっしゃるんですか？

そうです。そのままこちらで仕事を始めました。

大学を卒業されてから、就職されたのですね？　今まで勤務した会社は１社だけですか？

新卒で○○社に入りました。そこだけです。

その会社では、どのような仕事をされていたんですか？

経理関係です。

そうですか。話が戻りますけど、売上はＡさんから請求書などは発行するのですか？

いえ、作成してません。

 じゃあ、どうやって収入を把握しているんですか？　たとえば先月の売上がいくらだったかなどは、どうしてますか？

 会社から送られてくる明細で、金額がわかります。

 ご自身では何も作成されていないんですか？

 はい。作っていないです。

 となると、先月がどれくらいの収入になるかは明細が来るまでわからない、ということですか？

 具体的な金額はわからないですね。でも、だいたい毎月同じくらいの金額なので、そこまで細かく気にしてないです。

 そうですか。毎月の収入金額は、どうやって決まるんですか？

 収入は、どれくらい応援してもらえるかによりますね。どれだけ投げ銭してもらえるかです。私の場合は、長くやっていて応援してくれる人も一定数いるので、毎月だいたい同じくらいの収入になってます。

 なるほど。もしまったく応援してもらえなかったら、収入は０円ですか？

 はい、そうです。だから厳しいですね。始めたころはなかなか収入が上がらないです。あと、１か月で最低でも配信しないといけない時間が決まっています。下回ってしまうと減額されます。

調 最低の配信時間というのは？

月に最低でも30時間の配信をしないと、収入が減額されちゃうんです。ノルマみたいなものです。

調 なるほど。30時間というと1日1時間くらいは配信しないといけないんですね？　大変ですね。

最初は大変ですけど、慣れればそうでもないです。

調 30時間に満たなかったら、どれくらい減額されるんですか？

えっと……、今まで減額されたことがないので、わからないです。

調 投げ銭されたものは全額もらえるんですか？

すいません。細かいことを覚えていなくて、契約書を見ないとわからないです。

調 契約書があるのですね。後で確認させてください。

わかりました。

調 入金された金額が合っているかは確認されていますか？

いえ、してません。本来はしないといけないのでしょうけど、面倒で。

調 そうですか。実際の売上金額と入金金額が違っていることはありませんか？

キッチリと確認したことはないのですが、たぶん違っていることはないと思います。

調 ライブ配信は何時くらいにやっているんですか？

日によって違います。朝8時ころだったり、午後だったり。遅いと23時とか、日付をまたぐときもあります。

調 色々な時間に配信されているんですね。配信するのは自宅からですか？

それも色々です。自宅からのときもあるし、会社に行くこともあります。

調 会社で配信することもあるんですか？

ありますよ。会社で他のライバーさんと一緒に配信したり、会社にはゲーム機があるので、ゲームの配信をしたりします。

調 他の配信者さんと会うこともあるんですか。会社はどこにあるんですか？

東京の○○です。ここから30分くらいです。

調 ゲームの配信とおっしゃっていましたけど、どのようなライブ配信をしているんですか？

本当に色々ですよ。ゲームやったり、ただお話したり、ちょっと歌ってみたり、体操してみたり。

調 それで応援してもらう、ということですね。

そうです。いかに視聴者に応援してもらえるかを考えて、色々やってます。ライバーさんの中には、楽器を演奏してる人もいますよ。

 そうですか。収入の話に戻りますけど、締め日や入金日は
どうなっていますか？

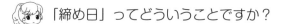 「締め日」ってどういうことですか？

 例えば、いまは11月なので、11月に入金される収入はい
つの分ですか？

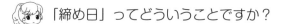 11月に入金されるのは10月分です。10月の1日から31
日です。

 では「月末締め」ということですね。いつ入金されますか？

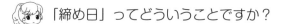 毎月、月末です。

 月末締めで翌月末に入金ですね。売上は○○銀行に入金さ
れるとのことでしたけど、それ以外にも銀行はありますか？

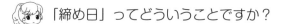 仕事で使っているのは○○銀行だけです。

 生活費などで使っている銀行、ということですよね？

 そうです。生活費とか貯蓄とか仕事以外で使っている銀行
があったら、教えてください。

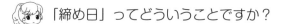 ○○銀行、○○信金くらいです。

 貯蓄用とかもないですかね。あったら全部教えてください。

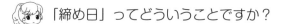 あとは、もう何年も前に作った口座があったと思いますけど、
まったく使っていないのでわかりません。

 証券会社とかもないですか？

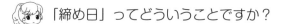 ないです。

調 ちょっと話が変わりますけど、趣味とかありますか？

趣味ですか？　車が好きでたまにドライブに行きますけど。

調 車が好きなんですね。何乗っているんですか？

アクアです。

調 トヨタのですか？

そうなんです。学生の頃に中古車を買って、それからドライブが好きになってしまって。

調 そうですか。ドライブにはよく行かれるんですか？

そうですね。頻繁に行きます。

調 じゃあ、結構お金もかかるんじゃないですか？

そうですね、結構使ってますね。ガソリン代も結構かかってますし、内装もこだわっていて、そのお金もかかります。

会話の中から色々な情報を得ている

　事業概況の聞き取りの一部を、できるだけリアルに書いてみました。実際の税務調査でも、およそこのように「質問→回答→回答を受けての質問……」が繰り返されることとなります。

　ここまでのやり取りで、税務署側が把握した事実がいくつかあります。
　まず、Aさんの仕事の流れを聞く中で、どんな書類があるのか、何を確認すればいいのかをチェックしていました。

納税者が請求書を発行しているのであれば、その請求金額はどうやって計算しているのか、請求書を作成するときに何を見て請求金額を決めているのか等をチェックします。締め日と入金日を確認することで、期間のズレがないかどうかもチェックします。このように、話をしたことすべてが、税務署側にとっては「情報」となるわけです。

　仕事帰りにタクシーを使っていれば、タクシー代が経費になっていてもおかしくはありませんが、Aさんは「車が趣味」と言っているので、車関係の支払が経費になっていたらおかしいと考えるわけです。ガソリン代が結構かかるようですので、ガソリン代が経費になっていないかどうかも確認されます。自宅でのライブ配信もしているとのことですから、自宅家賃などが経費になるのかの判断も、慎重に行われることとなります。

趣味の話は意外と重要です。
実際にあったケースで、釣りが趣味と話していた相談者がいました。休日にはいろいろな釣り場に出かけていたようです。このときの交通費や釣り具などが経費になっていて、指摘を受けたのでした。

別のケースで、所得金額に対して貯蓄が少なすぎるとして、お金の流れが問題になったことがあります。このときは、競馬に使っていることが判明し、早期終了となりました。
趣味を質問されるのは、お金の流れを把握するためでもあるのです。

このように調査官は、

・何を確認すれば正しい収入を把握できるのか
・どんなものが経費となっているのか

を、会話を手掛かりに判断しているのです。

　もちろん、ここでの会話によってすべてを判断されるわけではありません。車が趣味だからといってガソリン代は絶対に経費にできないわけではありませんし、仕事に使っている部分があれば経費になります。会話の中での情報は、あくまで参考にするということです。

☞ 聞き取りでは、まずは仕事の内容や受注から入金までの
　流れを確認される。
☞ 調査官は会話を手掛かりに様々な判断をする。

31 余計な話は
しない方がいい？

緊張して余計なことまで話してしまいそうです。
調査官の人が雑談っぽい質問をしてきても、応じ
ない方がいいですか？

⚠ 意識しすぎず、普通に会話すれば問題ない

調　先ほど車が趣味とうかがいましたけど、それ以外の趣味は
　　ありますか？

👧　あとはゲームをやってます。寝る前にちょっとですけど。

調　ゲームですか。スマホのゲームとかですか？

👧　いえ、パソコンです。

調　パソコンで、ですか？　私の頃はファミコンとかだったので、
　　パソコンゲームというのはわからないですね。

👧　パソコンのゲームはもうだいぶ前からやってますね。日中
　　は仕事優先なので、本当に短い時間ですけど。しかも、性
　　能の良いパソコンを使わないといけなくて、ちょっと高め
　　のものを買いました。

調　そうなんですか。性能が良いものじゃないとダメなんですね。
　　仕事が終わってから、どのくらいの時間ゲームしているん
　　ですか？

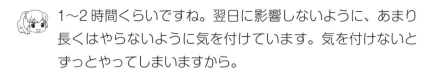 1〜2時間くらいですね。翌日に影響しないように、あまり長くはやらないように気を付けています。気を付けないとずっとやってしまいますから。

 1人暮らしですよね？　食事とかはどうされているんですか？

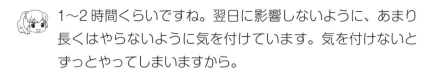 1人です。仕事が終わったら仲間と食べることもあれば、1人で食べて帰ることもあります。最近は自宅での配信も多いので、近くで買って家で食べることも増えました。なるべく自炊するようにしたいのですけど、大変で。

 でもゲームなら良い趣味かもしれませんね。以前に旅行が趣味という人がいましたけど、色々な要因で行けなくなってしまうことも多いでしょうし。

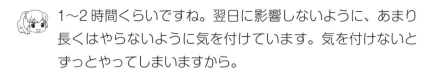 旅行が好きな友人がいますけど、たしかになかなか行けなくなってしまうこともあるみたいですね。

 Aさんは、旅行には行かないんですか？

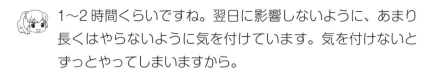 自分から進んでは行かないですね。友人から誘われたら行きますけど……。

● 雑談はしてもいい

　筆者は相談者から、よく「雑談はしない方がいいですか？」と質問されます。結論からいえば、雑談しても問題ありません。

　税務署側がさりげない会話から情報を得ているのは前項**30**の通りで、それを過度に気にするあまり、余計な話をしないよう過度に心がけている人もいるものです。たしかにその気持ちもわかるのですが、必要以上に気負ったところであまり意味がないというのが

筆者の実感です。

　税務調査では誰しも緊張しますので、場の雰囲気を和ませるため、調査官があえて雑談をしている面もあります。

> 納税者と調査官の趣味が一致したことで、かなり長時間、その趣味についての話に花が咲くこともあります。
> たとえば、両者が「登山」という趣味で一致して、しばし盛り上がったことがありました。そのときは、終わってみれば登山の話は本当に純粋な雑談で、税務調査には何ら影響することはありませんでした。

　税務調査は、重苦しい雰囲気で進められるものばかりではなく、適度な雑談を交えて進められることもあるのです。

　そのため、雑談が長くなりそうと感じられたような場合は、雑談の途中であっても、調査を進めてもらうよう促しても問題ありません。

☞ 適度な雑談は問題ない。

32 生活費を聞かれる意味って？

プライベートのことも、聞かれたら答えなければ
いけないの？
事業のことだけ答えればいいと思うんですけど
……。

⚠ プライベートな質問に思えても、実は事業に関係することも

（調）食事は外食が多いのですね。食費は1か月にどれくらいか
かりますか？

食事だけでなく、お酒を飲んだりすることもあるので、だ
いたい10万円くらい使っているかもしれません。もっと節
約したいですけど……。

（調）わかりました。家賃はおいくらでしたっけ？

8万円です。

（調）趣味の車関係では、どれくらい使いますか？

結構使ってますね。ガソリンと整備代とローンの支払とか
合わせると、かなりの金額になります。10万円超えている
かもしれません。

（調）ほかに洋服代や、遊びに行くお金などもありますよね。1か
月に最低いくらあれば足りますか？

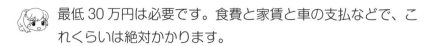 最低 30 万円は必要です。食費と家賃と車の支払などで、こ
れくらいは絶対かかります。

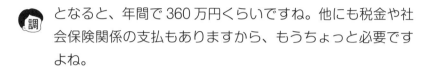 となると、年間で 360 万円くらいですね。他にも税金や社
会保険関係の支払もありますから、もうちょっと必要です
よね。

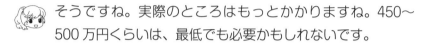 そうですね。実際のところはもっとかかりますね。450〜
500 万円くらいは、最低でも必要かもしれないです。

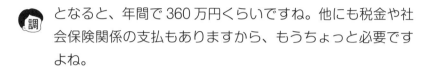 貯蓄もされているようなので、もうちょっと必要ですね。

● おおよその所得金額を把握するため

　食費、家賃（住宅ローン）、レジャー費、教育費などが、「**生活
費**」に該当します。

　個人の税務調査では、生活費について細かく尋ねられることがよ
くあります。生活費は経費にならないので、税務調査で確認する必
要などないようにも思われるところですが、個人事業者の税務調査
においては質問されることが多いです。おおまかな所得金額を把握
するためです。

　仮に、1 か月に 30 万円の生活費がかかるなら、1 年間では 360 万
円になります。単純に、少なくとも 360 万円の所得金額がないと生
活できないと考えられます。もし貯蓄が 100 万円増えているならば、
年間所得は 360 万円ではなく 460 万円という可能性が出てきます。

　このように、生活費を確認することで、おおまかな所得金額を推
測し、目安としているのです。

辻褄が合わないと長引くことも

　もちろん、生活費の質問だけで所得金額を判断されるわけではなく、最終的には資料等をチェックした上での判断となります。

　資料等により確定した所得金額と生活費を照らし合わせて、問題がなければ、調査は早期に終了することが多いです。一方、辻褄が合わないことがあると、その原因がわかるまで調査は続行するものです。

　仮に、所得金額が1,000万円で、生活費が500万円であれば、当然500万円が残るはずです。貯蓄として500万円増えていれば辻褄が合うわけですが、そうではない場合は、趣味等で高額な支出はないか等、理由が判明するまで調査が長引くことがあります。

> 収入と支出の辻褄が合わず、調査が長引くことはよくあります。
> 例えば、かなりの高額をパチンコで失ってしまっていることが判明した相談者がいました。
> 暗号資産に投資していたケースや、驚くほどの高額を飲食代に使っていたケースもありました。

　趣味であろうと投資であろうと、正当に得たお金をどのように使っても自由ですし、税務署も何も言いません。適切な確定申告書さえ提出しており、収入と支出の辻褄さえ合えばいいのです。

☞ 生活費の質問は、およその所得金額を推測するため。

☞ 収入と支出の辻褄が合わないと、調査が長引きがち。

---

33 調査官の態度が悪い！

やってきた調査官が威圧的で、横柄な感じでコワいです……。
印象が悪くならないよう、ガマンするしかないですか？

⚠ 改善してほしい旨を伝えるべき

担当者の態度が悪い場合

　調査官も人間ですので、調査の進め方はそれぞれ違います。和やかな雰囲気で調査を進める人もいれば、そうでない人もいるものです。最近は減りましたが、怒鳴ったり声を荒げる調査官も実際にいました。

　態度が悪い調査官に当たってしまっても、担当者を変更してもらうことはできません。税務調査が終わるまで同じ調査官が担当です。

　とはいえ、打つ手が何もないわけでもありません。まずは担当者本人に直接、態度を改めてもらうように伝えてみましょう。本人に伝えるだけで改善することもあります。

　改善しない場合には、その上司に伝えます。税務調査を行っている担当者には必ず、上司である統括官がいますので、その統括官に伝えてみましょう。筆者の経験上、大抵の場合で改善されます。

　納税者支援調整官に連絡する方法もあります。国税庁のHPには、次のようにあります。

税務行政の運営に当たっては、申告納税制度が円滑に機能するよう、適正かつ公平な課税の実現に努め、納税者の理解と信頼を得ることが基本です。納税者支援調整官は、このような考え方を踏まえ、税務署、国税局及び国税庁の事務その他税務一般に関する不平、不満や困りごとなどについて、納税者の視点に立って迅速かつ的確に対応し、税務行政に対する納税者の理解と信頼を確保することを任務としています。

（国税庁「納税者支援調整官についてのご案内」）

効果は限定的かもしれませんが、上司に伝えてもなお改善しない場合、検討の余地があります。

感情的にならないように

たとえ調査官の態度が悪くても、こちらも感情的にならないようにしましょう。感情的になったからといって税務調査の結果が不利になるというわけではありませんが、調査の進行に影響します。調査官もわざとではなく、あくまで仕事としてやっているということを意識しておきましょう。

どうしても感情的になってしまいそうなときは、税理士にやり取りをお願いするのもいいでしょう。第三者に間に入ってもらえば、冷静にやり取りできます。上記の改善してほしい旨を伝えるよう、税理士にお願いする手もあります。

☞ 改善してほしいことはしっかりと伝える。調査官本人に
　 伝えても効果がない場合は上司である統括官に伝える。
☞ 税理士に相談することも検討しよう。

34 別の部屋を見せてほしいと言われたら？

必要な資料はすべてリビングにまとめておいたのに、他の部屋まで見たいと言われました。見せたくないんですけど……。

⚠ 絶対に応じなければいけないわけではない

（調）では、保存されている資料など拝見します。どのようなものがありますか？

ここにまとめてあります。3年分と言われたので、ここにまとめておきました。通帳、売上、経費ごとにまとめました。

（調）ありがとうございます。ではまず、通帳から確認させてください。

通帳はこれです。

（調）こちらは売上が入金されている通帳ですね。この通帳以外にも銀行口座はありますよね。そちらもいいですか？

仕事用と生活用は、それだけですけど。

（調）貯蓄用の口座がありますよね。申し訳ないですが、そちらも確認させてください。

そうですか。貯蓄用なので、本当に取引はほとんどないですけど、取ってきますね。

お願いします。通帳は普段、どこに保管されていますか？

えっと、別のあっちの部屋のところですけど。

ちょっと通帳の保管状況を確認させていただきたいので、見せてもらえますか？

いや、向こうの部屋はあまり入られたくないです……。すぐ取ってきますよ。

申し訳ないですが、通帳をどのように保管しているのかを確認させていただきたいので、お願いします。通帳だけではなくて、領収書や請求書などの資料もそちらの部屋で保管されているのではないでしょうか？　資料の保管状況は確認させていただきますので、お願いします。

資料の保管状況を確認される

　自宅で税務調査を受ける場合は、リビングで行うことが多いです。

　大抵は、必要な資料をまとめて用意しておくことでしょう。税務調査では、通帳などの保管場所を確認されることもあります。事前にすべて用意しておいても、普段どこに保管されているのかを確認されるのです。他にも通帳が保管されている可能性もありますし、通帳を保管しているところには、なにか大切なモノが保管されていることが多いためです。

　たとえば多額の現金が保管されていれば、その現金がどこから出たものなのかも確認されます。銀行から引き出した記録があれば問

題ないのですが、そうでない場合には、出所がわかるまで確認されます。現金売上があった可能性も疑われます。

　進行年度の資料の保存状況も確認されます。2023年に税務調査が行われた場合には、2022年分までの確定申告が対象となりますので、2023年分については調査の対象とはなりません。まだ確定申告をしていないので当然です。ですが、2023年の領収書や請求書などの保管状況を確認されるのです。

> 実際に「領収書の保管状況を確認したいので、今年の領収書を出してください」と言われたことがあります。まだ確定申告をしていないわけですから、領収書の内容等について何か指摘をされるようなことはありませんが、日ごろの保管状況が良ければ、確定申告書の信頼性も上がります。

どうしても見られたくなければ断る

　税務調査にはなるべく協力するべきですが、どうしても嫌なことがあればその旨をしっかりと伝えるようにするべきです。

> 資料を寝室に保管しているケースがありました。この調査のときも、調査官が「資料の保管状況を見たい」と寝室に入ろうとしました。寝室には立ち入ってほしくない旨を伝えたのですが、かなりしつこく入ろうとしてくるので、強く断ったところ、ようやく諦めてくれました。

- ☞ 資料はなるべくまとめて用意しておき、別の部屋に取りに行く必要がないようにしておこう。
- ☞ どうしても見られたくない場所がある場合には、その旨を伝える。
- ☞ 通帳や資料の保管場所は確認されることが多いので、準備しておくべき。

レアケース

領収書などまったくチェックされず一定額を減額されたケース

　税務調査は、領収書などの資料をチェックして誤りがないか調べるものです。ですが、領収書などの資料をチェックせずに税務調査が終わることもあります。

　実際に、「交際費・消耗品費・雑費を一定割合減額して修正申告すれば、税務調査を終わります」と告げられたことがあります。このケースでは、納税者が経費のなかに生活費を入れてしまっていたこともあり、領収書を細かくチェックされるのを避けたかったため、税務署の提案を受け入れました。「同業者と比べて経費が多い」とも告げられたことから、調査官は事前に上司と話をしており、最終的な落としどころを決めていたと思われます。

　所得と生活費の関連性については、税務署はその金額を重視しています。生活費にあてられる十分な所得金額があれば、そこまで細かくチェックしないこともあります。ある程度の所得金額まで許容範囲を設けていることもあります。

35 家の中を勝手に漁られるの？

調査では証拠書類とか現金とかを探したりするんですか？
家の中を勝手に色々調べられそうで怖いです……。

⚠ マルサのようなことはされない

通帳は、いつもここに保管しています。

ありがとうございます。申し訳ないのですが、棚を開けてもらってもいいですか？

はい。見たいようでしたら、そのあたりの棚は開けてもらってもいいですよ。

いえ、お手数ですがAさんが開けてもらってもいいですか？その棚をお願いします。

わかりました。印鑑とか入れてるだけで、他にはとくにないですね。

ありがとうございます。もう大丈夫です。今年の領収書とかはどこに保管されていますか？

こっちの箱の中に入れてます。普段はほとんど整理していないので、とにかく箱に入れているだけですけど。

大丈夫ですよ。その箱も開けていただけますか？

 はい。……調べたいところを勝手に開けたりして調べるものかと思いましたけど、違うんですね？

 そうですね。強制捜査ではないので、勝手に棚を開けたり、パソコンを操作し始めたりするようなことはありません。

 昔の映画とかのイメージが強くて、クローゼットのものまで全部ひっぱりだされるのかな、なんて思っていました。

税務署が勝手に棚を開けることはない

　税務調査と聞くと、マルサをイメージする人が多いようです。勝手に棚を開けたり、畳をひっくり返したりして、書類を段ボールに詰めて押収していく、と考えている人もいます。

　項目 **09** の通り、税務調査は強制捜査ではなく任意調査です。ここでいう任意とは、調査官が勝手に棚を開けたりできないということです。棚を開けて調べたいときには、納税者の同意が必要となります。たとえ納税者の同意があっても、調査官が勝手に棚を開けたりすることはありません。税務調査の現場でも、納税者に「ここを開けてください」と指示をして、納税者本人に開けてもらうようにしています。

　税務調査では、パソコンの中も確認されることがあります。請求書のデータや仕事のメール等を確認するためです。パソコンを確認するときにも、調査官が勝手にパソコンを操作することはありません。調査官は後ろに立っていて、納税者本人にパソコンを操作してもらうのです。調査官は「ここをクリックして」「このフォルダを開いて」と、後ろから指示をするのです。

納税者が承諾し、調査官自身でパソコンを操作してほしい旨を伝えたことがありましたが、そのときも納税者自身で操作するよう指示されました。

　万が一、調査官が勝手に棚を開けるようなことがあった場合には注意するべきです。「調べたいところがあるなら私が自分で開けます」と伝えましょう。改善しない場合には上司である統括官に伝えます。

　☞ 棚の開閉やパソコン操作は、納税者自身が行うよう指示される。

36 手元に多額の現金があったらどうなる？

何かあったときのために、いわゆるタンス預金をしています。
自宅に多額の現金があると問題になるの？

⚠ 理由を説明できれば問題ない

（調）通帳を拝見すると、売上の入金があったら、大きい金額を引き出しているのですね？

はい。入金されたら、基本的に全部引き出してます。

（調）履歴を見ると、入ってきたお金はほぼすべて引き出してますよね？

そうですね。何度も銀行に行くのが面倒なので、全部引き出します。貯蓄用に分けたりとかもしてます。

（調）たしかに、近い日付で貯蓄用の口座に入金されているようですね。でも、その他のお金はどうされていますか？

貯蓄用のお金以外は、手元に保管しています。

（調）手元にあるんですか？　結構な金額だと思いますが……。

そうですね。たしかに手元に置いておくのはちょっと怖いですけど、何度も銀行に行くのも面倒なので、手元に置いています。

 いま、いくらくらいありますか？

 ちょうど先日引き出したばかりなので、結構多いと思いますけど……。

 申し訳ないのですが、実際に現金を見せていただけますか。

●「現金」は調べられる

　項目34の通り、税務調査では、銀行通帳の保管場所を確認されることがあります。その際、通帳といっしょに多額の現金も保管されていることもあります。このような場合、その現金の出どころを確認される流れになります。現金による売上など、他の収入があるのではないかと考えられるためです。

　しっかりと確定申告がされていれば問題ないのですが、そうでない場合には、理由を説明しなければいけません。一般的には多額の現金を手元に置いているケースは少ないので、なぜ手元に置いてあるのか、詳細な経緯を聞かれることとなります。

　手元に多額の現金があったからといって、それだけで何か問題になってしまうわけではありません。銀行に預けるのか手元に置いておくのか、どちらでも問題はありませんが、税務署とすればお金の流れを把握したいと考えていることから、理由を問われます。

実際にあったケースで、帳簿に「現金」として300万円という多額の現金残高が残っていたことがあります。帳簿の信ぴょう性を確認する意味もあり、本当に300万円近くの現金があるのかを問われることとなりました。

このケースの納税者は、何かあったときのため、実際に300万円の現金を手元に保管しておいたのでした。その旨を伝えると、実際に見せてほしいと言われました。保管場所を知られたくないということで、調査官と私は席をはずし、その間に現金を用意してもらいました。細かく数えるようなことはしませんでしたが、帳簿残高とおおむね一致していることは、目視で確認されました。

もし、手元の現金と帳簿残高が一致していないとなると、他に銀行口座がある可能性も考えられます。

いずれにしろ、税務署は、現金が手元にあるとなると、その理由や出どころを追及するということです。

☞ 手元に現金がある理由や出どころは必ず問われるので、説明できるようにしておく。

☞ 現金があるからといってそれだけで問題になることはない。

☞ 帳簿残高は合わせておく。

37 家族の通帳も
見せなきゃいけない？

私についての税務調査なのに、家族の通帳まで見せる必要なんてあるんですか？

⚠ 見せなければいけないこともある

（調）毎回この通帳から定額を移動されているようですね。どちらの銀行に資金移動されていますか？

こっちの銀行に移しています。

（調）別口座があるのですね。その通帳も見せていただけますか？

すいません。この口座は父名義で、私のではないんです。

（調）お父様名義ですか？　仕送りなどですか？

仕送りのつもりです。父は車のローンにあてているようです。車が父名義なので、父の口座からローンの支払もありますから。

（調）そうなんですか。その口座の通帳はありますか？

えっと、手元にはないです。実家にありますので。

（調）車以外に、Ａさんが使っているモノなどの支払はありますか？

基本的に車関係だけだと思います。保険とか。

 わかりました。もしかしたら、その通帳も拝見させていただくかもしれません。念のために口座番号などを教えてください。

家族の通帳も見られることがある

　税務調査では、自分名義だけではなく家族名義の通帳も確認したい、と言われることがあります。基本的には税務調査の対象となった本人の通帳だけでいいのですが、場合によっては家族の通帳を見せてほしいと言われることもあります。

> 実際に、税務調査の対象は夫だったのですが、妻の通帳を見せてほしいと言われたことがあります。このケースでは、売上はすべて夫名義の通帳に入金されていましたが、経費の一部、具体的には仕事で使っている ETC カードの引き落としが、妻名義の口座からとなっていました。結婚前に妻が作成していた ETC カードを、結婚後は夫がそのまま仕事で使っていたのです。

> 別のケースでは、売上を兄名義の銀行口座に入金させ、その金額を申告していないケースもありました。納税者本人は、とある事情があって本人名義の口座を使いたくないとのことで、兄名義の通帳を使用していたのです。このケースでも、当然ながら兄名義の通帳を確認されました。

似たようなケースで、仕事柄本名などを知られた
くないとの理由で、親名義の口座を使用していた
相談者もいました。このケースでは、先に親宛に、
税務調査の連絡が届きました。税務署は既に親名
義口座の内容を把握していたものと思われます。

ネットビジネスの制度上の理由から、他人名義口
座を使用するケースもありました。ヤフオクなど
で規約違反として ID が使えなくなり、さらには
新規の登録もできなくなり、やむなく友人名義の
口座を使用していたのです。このケースでも、当
然ながら友人名義の口座を調べられました。

　これらのように、売上の入金や経費の支払などを家族や他人名義
の口座で行っている場合、その口座を確認されることがあります。

● 生活費の確認でも

　売上や経費だけでなく、生活費の確認のために家族の口座を見ら
れることもあります。項目 **32** でも説明したように、税務調査では
生活費も確認されます。その生活費の確認のため、家族名義の口座
も確認されるのです。また、その他の収入がないかを確認する意味
もあります。

あるケースでは、生活費の確認のため配偶者名義の口座を確認したところ、定期的に収入があることがわかりました。ネットビジネスによる収入があり、この収入を生活費にあてていたことが判明したのです。このケースでは、金額が大きくなかったこともあり、自主的に申告するようにと指導されました。

☞ 家族名義の通帳も確認されることがある。

☞ 売上や経費の確認だけでなく、生活費の確認のために口座を見られることがある。

☞ もし自分以外の名義の口座を使用している場合には、その理由を説明できるようにしておこう。

38 どこを重点的に見られるの？

税務調査は重箱の隅まで細かくチェックされそうで怖いです……。

⚠ 重点的にチェックされるところは決まっている

（調）では、次に売上関係の資料を確認させてください。まず契約書はありますか？

はい。これです。全部はなくて、途中で抜けてしまっているところがありますけど。

（調）わかりました。支払明細書も一緒にお願いします。

支払明細書は全部あるので、大丈夫です。

（調）確定申告するときには、売上はどのように計算されていますか？

支払明細書と通帳を確認しながら、会計ソフトに入力しています。

（調）わかりました。ちょっと調べさせていただきたいので、お時間いただきますね。

～～～

（調）支払明細書と入金額を確認してみたのですが、振込料が引かれているくらいで、問題なさそうですね。毎月の金額が違うのは、先ほどうかがった投げ銭の関係でしょうか？

そうですね。どれくらい応援してもらえるかによって変動します。

（調）具体的にどのような計算となっていますか？

細かいところは覚えていなくて。契約書とかに書いていないでしょうか？

（調）あ、ここに書いてありますね。細かいところは後で確認させていただきます。毎月の配信時間を確認できるものはありますか？

すいません。手元にはないですね。

（調）配信時間が月に 30 時間を下回ると減額されるんですよね。配信時間の管理はどうされているんですか？

配信時間は細かく管理してないです。だいたい 1 日 1 時間以上を目標にしているくらいで。昨日は短かったから、今日は長めにしようとか、それくらいです。

（調）なるほど。投げ銭の管理はどうですか？

先ほどもお話したと思うのですが、毎月の金額は細かくチェックしてないです。何となくでしか把握していません。先月はちょっと多いかなとか、思うくらいです。

（調）そうですか。配信時間の記録は、管理会社にはあるはずですよね。ないと計算ができないはずですから。

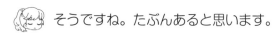 そうですね。たぶんあると思います。

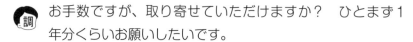 お手数ですが、取り寄せていただけますか？　ひとまず1年分くらいお願いしたいです。

 わかりました。聞いてみます。

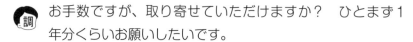 Ａさんの方でスケジュール帳などは残してありませんか？

 スマホで管理しているくらいです。

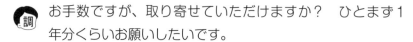 そうですか。あとでスマホを確認させてください。あと2020年5月から契約書が変わりましたよね？　何か理由があるのですか？

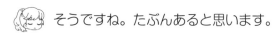 もらえる収入の計算方法が変わったかと思います。私も他の配信者を管理しなければいけない立場になったので、少し上がっています。

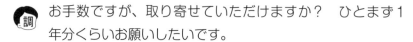 なるほど。わかりました。先ほど聞きましたけど、売上が減額されたことはないんですね？

 何回か体調を崩して配信できないことはありましたけど、最低の配信時間は満たしているので、収入金額から減らされたことはないです。

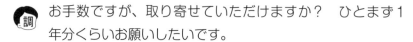 わかりました。さきほど確認したところですと、振込料だけ引かれているようですけど、その他に引かれるようなことはない、ということでよかったですよね？

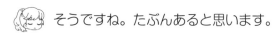 引かれることはないですね。

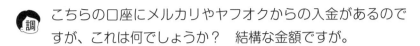 こちらの口座にメルカリやヤフオクからの入金があるのですが、これは何でしょうか？　結構な金額ですが。

 たぶん、いらなくなったモノを売ったお金だと思います。

調 不要品だけでこんな金額になりますか？　どんなものを売ったのですか？

着なくなった洋服とか、読んだ本とかです。その他に雑貨の販売などをしていました。

調 自分で使っていたものを売ったのですね。雑貨はどのようなものですか？

雑貨は好きなので、他で買ってきて売っていました。

調 他で買ってきてというと、仕入をして売っていたのですか？利益はあったのですか？

たぶん利益はあったと思います。売った金額は大きいのですけど、仕入もそれなりにあるので、そこまでないと思いますけど。

調 わかりました。雑貨の件は後で詳しく聞かせてください。その他にも収入はありますか？

収入としては、ブログをやっていたので、その広告収入くらいです。

調 その収入はどの口座に入金されていますか？

たしか〇〇銀行です。

調 今は少ないようですが、以前は結構な金額があったんですね。

税務調査で一番重点的にチェックされるのが、**売上**です。売上金額は必ず、時間をかけて調べられます。脱税の手口で多いのが、売上金額を少なくする行為だからです。売上を少なくみせる・隠すという不正行為が多いので、重点的にチェックされるのです。

実際に、出面帳から1件ごとに現場を洗い出し、請求書と付け合わせてすべての仕事が売上として計算されているか確認されたことがあります。
結果、現金でもらっていた売上の数件がもれていることが判明しました。

売上金額を確定することで、税務署は消費税の納税義務の有無についても判定できます。そのため、請求書と通帳の入金記録を確認するのです。

他のケースで、売上から材料代が相殺されていたことがありました。相殺後の金額で計算すると、売上金額が1,000万円を下回ることから消費税の申告をしていませんでしたが、相殺前の金額で計算すると売上金額が1,000万円を超え、消費税の納税義務があることが判明しました。

それ以外にも、出面帳やカレンダーなど、仕事のスケジュールがわかるものを確認されることもあります。スケジュールを確認することで、本当に行った仕事の売上が計算されているかを調べるのです。
売上金額をどのように計算したのかも問われます。帳簿をどのよ

うに作成したのか、請求書や通帳など何を確認していたのかを聞かれます。ここで辻褄が合わないと、厳しく追及されることもあります。

> 帳簿を作成しておらず、通帳の入金額を見て計算したと回答したケースがありました。このケースではしばらく記帳をしておらず、通帳が合計記帳となっていたのです。これでは、通帳を見ながら売上を計算できません。この点を厳しく追及された結果、実際は通帳は見ておらず、適当な金額を書いてしまっていたことが判明したのです。

売上以外の収入も確認されます。最近は副業をしている人も増えてきたので、事業以外の収入の有無についても調べられます。

間違いが多いもの

売上のチェックについて、具体的には、

> ・売上の計上時期
> ・相殺の有無
> ・現金売上の有無

などがあります。

よくある間違いで多いのが、**計上時期**です。売上金額は1月分から12月分までを計算しなければいけません。ここでいう「1月分」というのは、1月に入金されたということではありません。

相殺の有無も誤りが多いところです。先ほどの事例でも挙げたように、相殺前の金額を売上として計算する必要がありますが、相殺

後の入金された金額で計算していることもあります。

☞ 税務調査で一番重点的にチェックされるのは売上。

☞ 売上をどうやって計算したのかも問われる。

☞ 事業以外の収入の有無も調べられる。

レアケース

雑費が多額にあるため税務調査が行われたケース

　確定申告書を自分で作成していたある相談者は、青色決算書に雑費が多額に計上されていたことが問題となり、税務調査が行われることとなりました。

　この方はシステムエンジニアで、業務にかかる経費は、通信費や消耗品費などの科目に振り分けて申告していました。新規事業を始めるにあたり、その経費をすべて雑費にしていたのです。結果、他の経費が20万円～30万円くらいなのに、雑費だけが200万円を超えていました。

　税務調査の結果、経費として問題がないものだったため、修正することはありませんでしたが、今後は適切な科目に振り分けて処理をするようにという指導がありました。

　当初の申告からしっかりと科目を振り分けていれば、税務調査が行われることもなかったことでしょう。

39 帳簿は絶対に必要なの？

古い年度の帳簿は保存していないかも。帳簿がないとマズイのでしょうか？

⚠ ないと不利になることもある

（調）帳簿は作成されているのですよね。ちょっと確認させていただけますか？

（娘）はい。これです。

（調）ありがとうございます。会計ソフトで作成されているのですね。ソフトは何を使っていますか？

（娘）今はクラウド会計です。以前はパソコンにインストールするソフトを使っていたのですけど、変えました。

（調）そうですか。帳簿はいつ作成されていますか？　日々作成しているのか、1か月ごと、確定申告の前にまとめてなど、いかがでしょうか。

（娘）なるべくたまらないようにしています。毎日は無理ですけど、1か月ごとには作るように意識してます。

（調）わかりました。ちなみに今年の帳簿は作成されていますか？

（娘）今年ですか？　今年はまだ確定申告してないですよね。

はい。今年はまだですね。帳簿の作成状況を確認させていただきたいのです。

わかりました。最近はちょっとサボってしまっていますけど……。

先月の初めくらいまでは作成されているのですね。わかりました。ありがとうございます。昨年までの帳簿は、何を見て作成されていますか？

通帳とか領収書をみて、作成してます。本当にあっているか不安ですけど。

売上はどうですか。何をみて帳簿を作っていますか？

売上は支払明細書と通帳を見て。お伝えしたと思いますけど……。

そうでしたね。では少し確認させていただきますね。

税務調査は帳簿を見て確認する

　税務調査は、**帳簿**を見て進められます。確定申告書に記載された売上や経費をどう集計したのか、正しく計算されているかは、帳簿を参照すればわかるからです。

　帳簿に売上の記載がなければ、もれていることになりますし、帳簿に記載された売上金額が間違えていれば、確定申告の売上も間違えていることになります。経費も同様です。帳簿を確認して経費にならないものが入っていないか、金額の間違いがないかを確認されます。このように帳簿を見ながら進めるのが、調査の基本です。

ですので、帳簿がない場合には、どうやって売上や経費を計算したのか、明確に説明できるように準備しておきましょう。通帳の入金額を集計したのか、請求書を集計したのか、領収書を集計したのかなど、集計の過程をしっかりと説明できるようにしておく必要があります。

> 相談で多いのが、何も集計しておらず、単純に前年の数字を見て適当に書いているケースです。このようなケースでは、領収書などが残されていないことが多く、厳しい対応をされます。

　「適当に書いた」と言っておきながら、細かい数字まで記載されていると、疑われることがあります。「適当に書いた」と聞くと、税務署としては「丸い数字」をイメージします。"120,000 円"のように、千円以下の単位がすべて 0 となっているような数字です。適当に、これくらいだろうと思って書くときには、このようにキリのいいキレイな数字で書くことが多いというわけです。それがたとえば "123,421 円"のように 1 円単位まで数字が入っていると、本当は資料があって集計したのではないか、集計したものがあるのにそれを隠しているのでは、と考えられてしまうのです。

> 実際に、疑われたことをキッカケに、相談者が事実を話していなかったことが発覚したことがあります。上記のように「前年の申告書を見ながら適当に書いた」と言っていたのですが、数字がすべて 1 円単位まで書かれていたので、調査官に怪しまれ、「資料がないと消費税の負担が重くなる」「資料があるなら出してほしい」と言われたので

す。結果、本当は領収書が残っており、その額を合計して、さらに経費を上乗せして書いていたことが判明しました。

　そもそも帳簿は、法的なルールとして、作成しなければいけないこととされています。白色申告者であっても、帳簿の作成は必要です。帳簿がない場合には、

・青色申告特別控除が受けられない
・青色申告の取消し
・消費税の仕入税額控除ができない

などのデメリットがあります。

　帳簿の作成をしていなかったことから、青色申告特別控除が65万円から10万円にされることは、実際によくあります。消費税の仕入税額控除が認められないこともよくあります。

　帳簿は必ず作成しましょう。

☞ 帳簿は作成しなければならない。
☞ 帳簿がない場合は不利な扱いとなることがある。
☞ 帳簿を作成していない場合には、どうやって確定申告を作成したのかしっかりと説明できるようにしておこう。

怪しまれる領収書って
どんなの？

領収書やレシートを、1枚1枚全部細かくチェックするんですか？

⚠ とくにチェックされやすい領収書がある

 それでは、経費関係の資料を見せてください。

 はい。領収書はこちらにまとめました。

 ありがとうございます。年ごとにまとめていただいたのですね。

 すみませんが、一部ないところもあります。

 そうですか。領収書のほかには、どのようなものがありますか？

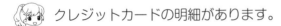 クレジットカードの明細があります。

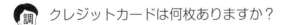 クレジットカードは何枚ありますか？

 2枚です。1枚はほとんど使っていないです。

 申し訳ないのですが、念のために財布を確認させていただけますか？

えっ、お財布!?　どうしてですか？

調 キャッシュカードやクレジットカードを確認させていただきたいのです。私は触りませんから、Aさんがご自身で財布から出していただけますか？

わかりました。カードはこれだけです。

調 はい、結構です。先ほどうかがった銀行だけのようですね。

他に銀行はないです。

調 わかりました。ひとまずどのようなものが経費となっているのか、確認させてください。

～～～

調 飲食代が結構多いようですけど、誰と食事したものですか？

仕事が終わった後、会社の人と行くことが多いです。

調 場所を見るとこの近くが多いようですけど。

そうですね。このあたりで食べたものの領収書は、同業の仲間と行ったときのものが多いです。

調 数万円くらいの飲食代が続けてあるのですが、食事に行かれることが多いのですか？

はい。自炊はあまりできていなくて、外食ばかりです。

調 となると、ご自身の飲食代もかなり含まれていそうですね。細かいところは後ほど、また確認させていただきます。

そうですね。自分の飲食代も入っているかもしれないです。

 消耗品費に入っているエアコン代は、この部屋のものでしょうか？

 はい、そうです。自宅でも配信しますから。

 でも、管理会社に行って配信するのですよね？

 そういうこともありますけど、自宅での配信も多いですよ。

 そうですか。どの程度配信されているのかは、後でまた確認させてください。こちらの領収書は日付が入っていませんが、どういうことでしょうか？

 えっ？　何だろう……。

 ○○商事とありますけど、何を購入されたのかも領収書だけではわかりませんね。何を購入されました？　金額も10万円近く、高額かと思いますが。

 すいません。ちょっと思い出せないですね。どこに入っていたものですか？

 2019年のところに入っていました。○○商事としかないので、お店の名前からも想像できないですね。

 調べて後で伝えればいいですよね。

 わかりました。

 あと、こちらの領収書は後から日付を書いたように見えますが？

あっそうですね。ここのお店は近所なのでよく使うのですけど、いつも日付を書いてくれないので、忘れないように自分で書いています。

 そのときにすぐ書いているのですか？

 そうですね。なるべくすぐ書いていますけど、ちょっと遅れてしまうこともあります。

その場では判断されない

　税務調査では、当然ながら経費も確認されます。領収書やレシートもチェックされ、その中で内容が不明なモノについては聞かれることとなります。

　レシートであれば内容がわかることが多いのですが、領収書では内容の詳細がわかりません。お店などからある程度は想像できることもありますが、中にはまったくわからないものもあります。そのようなものについては、当然ながら内容を問われます。

　その場でわからないものは、調べて後日に回答すれば問題ありません。税務署側も、経費かどうかわからないような領収書があったとしても、その場で判断はしません。

　調べてもどうしても内容がわからない場合には、経費から除かれてしまうこともあります。そのようなことのないように、しっかりと説明できるようにしておくべきです。

怪しまれる領収書

　税務調査で怪しまれてしまう領収書として、

・日付がない
・内容が書かれていない
・筆跡がおかしい
・自宅近くの飲食店が多い
・金額が大きい

といったものがあります。領収書の日付がない、白紙の領収書などがあると、怪しまれてしまいます。

実際にあったケースで、自分で領収書を書いていた相談者がいました。行きつけのお店で店主と親しくなり、白紙の領収書をもらうようになっていたのです。それを確定申告の時期にまとめて、大まかな金額を自分で書いていました。調査の際、領収書が複写でなかったことや筆跡から、自分で書いていた事実が判明し、当然ながら追及されました。店主にも聞き取りが行われ、その証言により、納税者が本当に何度もお店を利用していた事実は裏付けられました。金額については、店主側に控えがなく、正確な金額はわからなかったのですが、大きくは違っていることはないだろうと判断され、このケースでは大きな問題とはなりませんでした。

別のケースで、領収書を作ってしまっていた相談者がいました。外注費として、知人の名前・住所を少しだけ修正した架空の取引先を書いていたのです。税務署が領収書記載の名前・住所から住民登録を調べたことで、この不正は発覚しました。

領収書に何も内容が書かれていない場合にも、調べられます。

あるケースでは、領収書に「○○商事」としか記載がなく、内容がわからないものがありました。税務署が領収書記載の住所をもとに調べたところ、それは風俗店でした。

☞ 日付や内容が書かれていない領収書はしっかりと調べられる。

☞ 自分で書いたような領収書も調べられるので、理由を説明できるようにしておこう。

☞ 日付の記載がないものは、領収書をもらった時点ですぐにメモ書き等をしておこう。

☞ 内容がわからないものは、事前に調べておこう。

領収書はすべて保管しているつもりだけど、一部紛失しているかも。保存されてないと絶対に経費にできないの？

⚠ **領収書がなくても経費にできる場合もある**

 帳簿に記載されている消耗品費のこれと、接待交際費のこの部分の領収書はありますか？

🧒 いつですか？

調 2019年8月と2020年3月です。

🧒 ここにあると思うので探してみますね。……これですね。

調 ありがとうございます。これは出金伝票ですね。領収書はないですか？

🧒 ないですね。もらえなかったので、自分で記録として書いておいたものです。

調 これにはパソコンのマウスとキーボードと書いてありますけど、Aさんが買ったのではないのですか？

私が買ったのですけど、友人に頼んでネットで買ってもらったのです。友人がネットで注文するとき、一緒に買ってもらったので、代金を友人に渡しました。

そうですか。そのときの明細などはありませんか？

友人が持っていると思いますけど……。買ったのはそこにあるマウスとキーボードです。

これですか。わかりました。先ほどお願いした 2020 年 3 月の領収書はいかがですか？

すいません。見当たらないです。

紛失されたのでしょうか？

いえ、すべてまとめて保管していたはずなので、一部分だけなくなるなんてことはないです。飲食代ですよね？　おそらく、もらえなかったのだと思います。

もらえなかったというのは、どういうことでしょう？

何人かで食事して、1 人いくらずつか出し合ったのだと思います。代表の人がまとめて支払ったので、領収書がもらえなかったのです。

それは誰と食事されたのですか？

同じ仕事をしている仲間です。

領収書がないのに、どうやって帳簿に入力されたのですか？

領収書をもらわないことはあまりないことなので、いくら出したかは覚えていましたから。

いつ食事されたか日時も覚えていたのですか？

 メールか SNS でやり取りしていたので、ログから日付とかをみました。

 そうですか。ちょっとそのやり取りを見せていただけますか？

事実を示すように

　前項 **40** の通り、領収書など何も資料が残されていないと、経費として認められない可能性があります。通帳から引き落としや銀行振込で支払った場合は、記録があれば支払の事実がわかりますが、現金払いでは資料が残らず支払の事実が確認できないため、税務署としては経費にはできないと考えます。脱税をする目的で、架空の経費を計上しようとしているかもしれないからです。

　そのため、納税者としては、何かしら支払の事実があったことを示す必要があります。

> 実際にあったケースで、自動販売機で購入した「お茶代」として適当に経費にしていたことがあります。自動販売機は領収書が出ませんから、それを利用して経費にしようとしていたのです。納税者が建設業であり、休憩時間に現場の職人たちに自販機でお茶を買ってあげている、という説明でした。たしかにそのような事情であれば経費にできる可能性もありますが、この相談者は節約のため、実際にはスーパーでまとめ買いしており、

その際の領収書もあったので、追及されることとなってしまいました。

飲食代が問題となったケースもあります。その相談者は、数人で食事をして、割り勘したことから領収書がないとの説明で、多くの飲食代を経費としていました。飲食の相手が同じであることが多く、しかも同じお店が多かったことから、相手先に聞き取りが行われました。結果、飲食の事実はなく、適当な金額の架空経費であったことがわかりました。

　領収書をもらっていなかったり、残っていないという場合には、理由をしっかりと説明できるようにしておくことが必要です。税務調査の際に指摘された場合には、なぜ経費に入れたのか、金額や日付はどうやって把握していたのかも説明できるようにしておきましょう。

☞ 領収書がない理由を説明できるようにしておこう。
☞ 日付や金額をどうやって把握していたのかも説明できるようにする必要がある。
☞ 支払の事実があることを示せるように。

42

SNSには余計な投稿を
しない方がいい？

税務署はSNSまでチェックしてるんですか？
投稿するのを控えた方がいいのかな……。

⚠ 意識しすぎる必要はない

（調） そういえば先日、税務署の近くの飲食店で食事されていま
したよね？

（子） えっ！？　同じお店にいらしたんですか？

（調） いえ、インスタに投稿されていたので。

（子） あぁ。そうですね。あそこのお店はよく行きます。

（調） 私もよく行きます。美味しいですよね。ドライブにも本当
によく行かれているようですね。海とかきれいな写真の投
稿が多いですよね。

（子） そうですね。海を見に行くことが多いです。インスタを意
識しちゃってます。

（調） ドライブの動画とかをYouTubeにあげていらっしゃいま
すけど、夜景はキレイですよね。

（子） YouTubeの方も見てるんですか？　最近はほとんどやって
ないですけど。

たまたま見つけまして。

YouTube や SNS は見られている

　税務署は、税務調査を行う前に納税者の情報を調べていることがあります。提出された確定申告を確認しているのは当然ですが、それ以外にも色々と調べていることもあります。

　とくに最近は、SNS などの情報も確認しています。

> SNS の情報を元にした調査が行われたこともあります。YouTube で筋トレやトレーニングの動画配信をしていたその相談者は、有料での個別レッスンなどをしていました。調査官はこのYouTube により、事前に有料レッスンを行っている事実を把握していました。

> 余談ですが、筆者が税理士として発信しているブログや HP の情報も、事前に確認されていました。

　よく「余計な投稿はしない方がいいのか」と質問されることがあります。SNS の投稿を楽しむことは問題なく、確定申告をしっかりとしておけばいいだけです。たしかに SNS の投稿は税務署が確認していることもありますし、投稿がキッカケでわかるものもありますが、過度に意識する必要はありません。

　☞ SNS などは確認されていることもある。

　☞ しっかりと確定申告をしていれば問題ない。

---

43 見せたくないものは隠したい！

見られると恥ずかしいものまで見せなければいけないの？
できれば隠しておきたいけど……。

⚠ 調査に必要なものは見せる必要がある

調 そういえば、テレビの下にある書類は何ですか？

あれは、ちょっと仕事とは関係ないやつです。

調 一応確認させていただいてもいいですか？

いや、あれはちょっと関係ないのでお断りしたいです。仕事に関係するものは全部こっちにあるので……。

調 ちょっと見させていただいて、本当に不要であればすぐしまっていただいて結構ですから。念のためお願いします。

あれは本当に関係なくて、イヤなんですが……。自分で書いた絵などです。

調 絵を描かれているんですか？

はい。ちょっと興味があって少し前から練習しているんです。下手なので恥ずかしいのですが。

そうでしたか。申し訳ございません。こちらは調査とは関係ないので、大丈夫ですね。

目につくところにある書類

　税務調査を自宅で行う場合で、目につくところに書類があると、その書類も確認されることがあります。事業に必要な書類を用意してまとめておいたとしても、見えるところに書類があると、見せるように言われてしまいます。税務署とすれば、何かしら事業に関連のある資料ではないかと考えるからです。注文書・図面・工程表など、確定申告書を作成する際には不要な書類でも、税務調査においては貴重な資料になるのです。

　納税者の仕事内容などを把握するために、これらの資料も税務署によっては重要なわけです。

　よくあるのが、リビングに子供の書類が置いてあるパターンです。幼稚園や学校関係の資料が置かれているのは普通のことですが、これを見せてほしいと言われたりします。

> 実際にこれらの書類も確認されたことがあります。１枚ずつしっかりしたチェックではありませんが、どのような書類があるのかは、すべて確認されました。

> 家に飾られている絵画について、いくらくらいか、いつ購入したのか、購入した経緯などを聞かれたケースもあります。事業とは関係なく、趣味で買ったものでしたが、数十万円と高額であったこともあり、細かく内容を聞かれました。

高額なモノがあったからといって問題になることはありませんが、見られたくないものがある場合には、別の場所に保管しておいた方がいいでしょう。

☞ 目につくところにあるものは、内容を聞かれることがある。
☞ 見られたくないものは、別のところに保管しておこう。

レアケース

本人と一切会わないケース

　税務調査は原則として、納税者本人から聞き取りをして進められるものですが、事情により本人と一切会わずに税務調査が終わったことがあります。

　このケースでは、納税者に障がいがあり、他人と会うことに不安があったことから、調査官と会わずに調査が進められることとなりました。必要な資料などはご家族に用意していただき、質問などもご家族を通して行われました。最後まで調査官とは会わず終了しました。

　大きな問題がなかったことも影響していたと思われます。もし多額の申告もれがあったとしたら、本人と会う必要が出てきたでしょう。

44 「正式な記録を残したい」と言われた！（質問応答記録書への対応）

正式な記録を残すと言われ、なんだか不安です。
断った方がいいのでしょうか？

⚠ 原則として応じた上で、記録内容をきちんと確認

調 それでは、本日おうかがいした内容を正式な記録に残させてください。

それ 正式な記録？　今までメモされていたものではなくて、ですか？

調 はい。本日お聞きした内容をメモではなくて、正式な書面にさせていただきます。私の方でお聞きした内容を書面に書きます。その後に書いた内容を読み上げて、Ａさんに確認していただき、問題がなければ署名をお願いします。

それ サインするんですか？

調 はい。そうです。書面は私が書きますけど、内容が違う場合には指摘してください。訂正しますから。署名は強制ではありません。強制ではないのですが、署名しない場合には、その理由をおうかがいします。

それ 内容を訂正してもらえるのですね。

今お話がありましたけど、それは強制というわけではないですよね。

はい。強制ではありません。ただ署名をいただけない場合は、その旨を記載することとなります。

今まで伝えた内容と違う場合には、訂正してもらえます。

内容を訂正してもらえるなら、大丈夫です。

では、今から書きますので、少しお待ちください。

〜〜〜

お待たせしました。本日おうかがいした内容を書きましたので、読み上げますね。訂正したい箇所がありましたら、教えてください。

(「質問応答記録書」を取り出し、読み上げ始める。)

問9	雑貨の販売について仕入をして売っていたが、それを申告していなかったのはなぜですか。
答9	副業なので確定申告しなくてもいいと思ったからです。
問10	税理士に税務相談等をしているとのことでしたので、雑貨販売の収益を確定申告しなければいけないことは知っていたのではないですか。
答10	はい、申告しなければいけないことは聞いたことがあります。
問11	申告しなければいけないのにしていなかったのは、税負担を考慮してのことですか。
答11	はい、それもあります。

すいません、今の雑貨のところですけど、ちょっと違うかなと思います。

どこでしょうか？

「申告しなければいけないことを知っていた」というところです。

あと「税負担を考慮して」というのも違いますよね。

でも、最初にお話をうかがった際に、先生に税務相談をされているとおっしゃっていましたよね。雑貨販売の件についても聞いていたのではないですか？

たしかに税務相談はしていますけど、雑貨の件は聞いていません。申告しなければいけないことを知らなかったので、相談もしていなかったです。

そうですね。たしかに何度かご相談いただきましたけど、雑貨販売の話はなかったですね。

でも、これだけ金額が大きな取引をされているのに申告義務を知らなかったというのですか？　仕入をして売っているということは、利益を出そうとしていたわけですよね？

たしかに、儲けが出たらいいなと思っていました。今は色々と教えていただいたので知りましたけど、確定申告書を作成した時点では、申告をする必要があることを知りませんでした。

そこは事実と違うので修正してください。

わかりました。税負担を考慮してという点はいかがですか？

それも違います。そもそも申告することを知らなったので、税金を払いたくないからわざと申告しなかったということではありません！

Aさんが回答した通りの事実を記載するよう、お願いします。

質問応答記録書

　税務調査で、「正式な記録を取らせてほしい」と言われることがあります。調査官は聞き取りをしながらメモを取っています。そのメモを元に、正式な書面として残したいというわけです。この書面を「**質問応答記録書**」といいます。

　質問応答記録書には、その名の通り、質問に対する回答を記録されます。これは税務署側で作成するものですが、一方的な内容にて作成されるのではなく、作成内容を納税者が確認できます。誤りがある場合には、訂正してもらうことも可能です。

　内容を確認して問題がなければ、署名することとなります。署名は強制ではなく、断ることもできます。その場合には、署名しない理由を記載されます。

重加算税の可能性

　質問応答記録書を作成すると言われた場合には、慎重な対応が必要です。筆者の感覚では、重加算税を課す検討しているとき、このように言われることが多いと感じます。重加算税は仮装・隠ぺいがあった場合に課されるものであり、そのような事実があったのではないかと疑われているのです。

　質問応答記録書は、後々でモメたときに証拠となるものです。そ

のため、作成したいと言われた場合には、慎重に対応しなければいけません。

記録として残る

重要なのは、誤りがある場合に修正してもらうことです。繰り返すようですが、質問応答記録書は聞き取りの内容をもとに税務署側が作成します。単純な勘違いのこともありますが、場合によっては重加算税になるような書き方をされてしまうこともあります。事実と異なることが書かれている場合には、しっかりと指摘して修正してもらわなければいけません。微妙なニュアンスにも注意が必要です。

実際に、納税者側で指摘が必要となったケースがあります。
その相談者は、資料を紛失してしまっていました。自分で捨ててしまった覚えはなく、保存しているつもりだったのですが、いざ探してみるとなくなっていたのです。
しかし、調査官により作成された質問応答記録書には、なんと「資料を破棄した」と記載されていました。「破棄」であれば、意図的に捨てたということであり、重加算税を課されてしまうおそれもありますから、指摘のうえ「紛失」に訂正してもらいました。

別のケースで、領収書に自分で日付を書いていたことについて、「領収書を偽造」と書かれたこともあります。日付を入れただけで偽造ではない旨を主張し、「領収書を偽造」の文言は削除してもらいました。

　質問応答記録は記録として残るものですから、細かいところまでしっかりと確認する必要があります。

☞ 誤りや事実と違うことがある場合には、しっかりと主張して修正してもらうことが重要。
☞ 細かい言い回しにまで要注意。
☞ 証拠になるという意識をもって慎重に対応しよう。

「資料を預かりたい」と言われたら？

今度は資料を持って帰ると言われました。本当に細かいところまでチェックされそうで怖いんですけど、なんとか断れませんか？

⚠ **絶対に不利になるわけではなく、早期終了にもつながることも**

🔵調 では、そろそろ時間になりますので、今日は終わりにさせていただきます。今日だけでは終わりませんので、次回の予定を決めさせていただきたいのですが、いかがでしょうか？

🔵 すいません。今の時点ではわからないです。

🔵調 わかりました。では、日程がわかり次第ご連絡ください。

🔵 でも、だいぶ先になってしまいそうです。今回も仕事の予定を調整するのも大変だったので。

🔵調 そうですか。できれば早期に終わらせるようにしたいので、早めにお願いしたいのですが。

🔵 わかりました。調整でき次第、ご連絡します。

🔵調 もし次回の日程がだいぶ先になってしまうようでしたら、資料をお預かりして、調査を進めさせていただければと思いますが、いかがでしょうか。

預けるって、領収書とかを、ですか？

 はい。通帳や請求書、領収書など必要なものを預からせていただいて、署内で検討を進めさせていただければと思います。次回お会いするときまでに、確認事項などをまとめておきますので。

 領収書とかは使わないから預けてもかまいませんが、通帳は困りますね。

 いま使っている通帳は預かりません。繰り越したものだけです。それに、お預かりした資料で必要になったものがあれば、すぐ返却いたします。

 預けたものは、返してもらえるんですよね？

 もちろんお返しします。お預かりする際に、「預り証」をお渡しします。何をお預かりしたのかを書いてお渡しするので、返却の際にその預り証と引換えに返却いたします。

 必要になったら、すぐ返してもらうようにすることもできますよね。

 返してもらえるなら、預けてもいいです。

● 資料を預かることもある

　税務調査は１日では終わりません。調査終了まで１か月から１か月半くらいかかりますし、場合によってはもっと長期間となることもあります。調査官側も１日だけですべての資料を確認するのは無理ですので、何日も時間をかけて資料を確認していくこととなりま

す。ですが、我々も仕事をしているわけですから、何日も時間を取るのは難しいというものです。次回の日程が1か月後などとなれば、なかなか調査が進みません。

そのような場合に、資料を預からせてほしいといわれることがあります。資料を預かっていって、税務署内部で調査を進めるということです。何度も自宅に訪ねられるより、納税者の負担は少なくなります。

よく「資料を預けると、細かいところまで調べられるのでは？」と質問を受けることがありますが、筆者の感覚では、預けても預けなくても違いはないように思われます。資料を預けなかったとすると、調べがつくまで何度も時間を取らなければいけません。しっかりと調べが終わるまで時間を取られることとなりますので、結局は同じです。

資料を預ける際に注意すべきこと

資料を預けるときに注意するべきこととして、

・預り証を一緒に確認する
・何をどれだけ預けたのかを確認する
・預けて困るものがないか確認する
・返却してもらうときにわかりやすいように
・現金やクレジットカードは預からない

などが挙げられます。

資料を預ける際には、預り証を発行してもらいます。何を預けたのかを記載した書面で、返却の際に引換えとなるものです。この預り証を記載してもらうときには、必ず一緒に確認しましょう。何を、

どれだけ預けたのかを明確にしておきます。「通帳　3冊」だけではなく「○○銀行○○支店　3冊　2019年1月1日から2022年12月31日」などのように、細かく記載してもらいましょう。

　トラブルになりがちなのが紙です。請求書を預けた際に「請求書一式」と書かれることがありますが、この書き方では、返却の際に数枚を紛失していても気づきません。

実際にトラブルとなったことがあります。日々の売上日報を預けたところ、返却された際に数枚が不足していたのです。1年で365枚あるはずの日報で、返却された際に数日分の日報がありませんでした。税務署に確認すると、不足分の日付のコピーがありましたので、預けた際にはその日付の日報があったことになります。この日報は紐で閉じてあったのですが、返却時には数枚が紐から外れていた状態でした。おそらく、税務署でコピーを取った際、紛失したのではないかと考えられました。この点を指摘したのですが、税務署側は結局、紛失したと認めませんでした。

　このケースのようなトラブルを予防するためにも、紙などは「一式」ではなく、「20枚」などのように枚数を記載してもらった方がいいでしょう。預けて困るようなものがある場合には、その旨を伝えます。

　最近はデジカメを持参し、資料を預かるかわりに撮影していくこともあります。資料が必要であることを伝えておくことで、コピーを取ってすぐ返却してもらうことも可能です。

☞ 資料を預けることで、効率的に調査が進む。

☞ 返却時にトラブルとならないように、何を・どれだけ預けたのかを明確にしておこう。

☞ 必要となった資料はすぐ返却してもらえる。

税務署を騙るサギに注意！

税務署は、現金やキャッシュカードまで預かったりするんですか？
さすがに抵抗があるんですけど……。

⚠ **それはサギ。調査官が現金等を預かることは絶対にない**

（調）では、お預りの手続きを進めますね。お預かりしたいのは通帳、領収書関係、雑貨販売の資料。収入明細と契約書も参考で１部お願いします。通帳は、いま使っているものはお預かりできないので、コピーをお願いできますか？

（）コピーできるかなぁ。プリンターはあるんですけど、コピーはあまり使っていないので。紙もないかもしれないです。

（調）コピー代をお支払いいたしますよ。

（）コピー代は別にいいですけど、コピーできるかどうかわからないです。

（調）でしたら、デジカメがあるので撮影させていただいてもよろしいですか？　売上請求書と契約書も撮らせてください。

（）はい。大丈夫です。

（調）デジカメで撮った後に預り証を書きますので、少しお待ちください。

～～～

調 では、お預かりするのはこちらになるので、一緒に確認していただけますか。まず○○銀行○○支店の通帳、2019年1月から2022年12月までで3冊。領収書が貼ってあるノートが、2019年から2022年まで3冊。クレジットカード明細、2019年1月分から2022年12月分まで48枚。雑貨販売の資料をまとめたファイルが2冊。2019年から2022年までの帳簿が4冊。以上ですね。よろしいですか？

返却のとき、本当にすべて返却されたかどうか確認できるように、記載してもらった方がいいですよ。大丈夫ですか？

はい。大丈夫だと思います。

調 お預かりすることを「物件の留置き」といいますが、こちらがその注意書きになります。一通り目を通してください。お預かりした資料について、調査が終了した際にはすぐに返却いたします。あと、返却しない場合の取扱いやお預かりすることについて不服がある場合の取扱いも、そちらに記載されています。

わかりました。

では、こちらの書面を交付しますので、受取後にここに署名をお願いします。

ここですね。

調 では、こちらを保存しておいてください。お預かりした資料を返却する際に引換えとなりますので。

わかりました。クレジットカードとかキャッシュカードは、いいんですか？

調 クレジットカードなどはお預かりしません。

あの、追加の税金が出たときのために現金を預けることがある、と聞いたことがあるのですが……？

調 いえ、調査官が現金を預かることはありません。

現金や銀行印を預かると言われたら、詐欺の可能性がありますから、注意しなければいけません。

現金やキャッシュカードを預かることはない

調査官が現金、銀行印、キャッシュカード、クレジットカードなどを預かることはありません。繰り越した通帳を預かることはありますが、銀行印やキャッシュカードなどを預かることは絶対にありません。

もし、現金やキャッシュカードなどを預かろうとする場合は、調査官ではなく詐欺である可能性がありますので、注意が必要です。

詐欺に注意

詐欺に注意するため、調査官と会ったときにはまず身分証明書を確認しましょう。こちらから何も言わなくても、税務署側から身分証を提示してくるはずですが、もし提示されない場合には、提示を求めましょう。

実際に、税務署を騙る連絡が来たことがあります。留守番電話に、税務署から、税務調査を行いたいので〇月〇日にうかがう、というメッセージが残されていたということで相談を受け、筆者の方で税務調査の準備を進めていたのですが、担当者の名前がなかったことから、管轄の税務署に確認の連絡をしてみたのです。すると、その納税者に対する税務調査の予定はなく、連絡をした職員もいないとのことでした。結局、おそらく詐欺の可能性があるとのことでした。

☞ 税務署が現金やキャッシュカードなどを預かることはない。

☞ 税務署職員は身分証明書を携帯しているので、必ず確認。

税務調査がひとまず終わったら、ただ待っていればいいですか？

⚠ 今後の予定を確認し予測をしておく

調 それでは、資料を預かりまして、こちらで検討させていただきます。

🐕 わかりました。何か問題ありそうですか？

調 今のところは、まだわからないですね。Ａさんの予定がわかりましたら、ご連絡いただけますか？

🐕 はい。少し先になってしまうかもしれませんが。

調 そうですね。いつまでという期限を決めさせてください。今月末までに一度連絡をいただけますか？　日程がわからなくてもいいので、その時点での状況を教えてください。

🐕 わかりました。連絡します。今後はどのような予定ですか？

調 本日おうかがいしたいことはすべて聞けました。あとは資料を確認していく中で、追加でお聞きしたいことが出てくると思います。私の方で不明点や確認事項をまとめてご連絡します。次回お会いできた際に、回答いただければと思います。

終わるまでにどれくらいかかりますか？

そうですね。資料を確認してみないとわかりません。追加でご用意いただく資料も出てくるかもしれませんし。なるべく早く終わらせるようにしますので、ご協力お願いします。

わかりました。

今後の連絡は、税理士の先生を通す形でよろしいでしょうか？

はい、大丈夫です。

どれくらいかかるかわかりませんが、調査が終わるときには調査結果の説明をさせていただくこととなります。それも先生にお伝えしてもかまいませんか？

わかりました。大丈夫です。

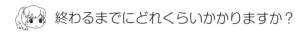

今後の予定を確認

　税務調査の初日が終わるときには、今後の予定を確認しておきましょう。まだ初日が終わった時点では、税務調査がどう進んでいくのか判断が難しいところではありますが、何となくの方向性はわかります。調査官は、税務署に戻って調査した結果を上司に報告します。その上司が今後の調査の方向性を指示するので、初日が終わってまだ上司に報告していない段階では、調査官自身もどのように進むかわかっていません。

　とはいえ、調査官は何件も調査をしているわけですから、ある程度の予測はできているはずです。このケースでは細かいところまで

調べる必要があるのか、それともそこまで調べずに大きなところだけチェックすればいいのか、反面調査も必要かもしれない……などなど、ある程度の予測をしているはずです。今後の予定を確認することで、どの方向性になりそうなのかを推測できるかもしれません。

　何も問題がなく、本当に早期に終了しそうであれば、その旨を伝えられることもあります。

実際に調査官から、「何も問題がなさそうなので、来週くらいには結果報告できるかもしれません」と言われたことがあります。上司に報告をしなければならずこの場で決定はできないので、ということでした。
実際、この調査は10日後くらいに連絡があり、何も問題がなく終了となりました。

別のケースでは、「もう一度細かくご本人様にお話を聞かせていただく必要があると思います」と言われたことがあります。このケースは、売上を過少申告しており、脱税行為にあたると予測されていたのです。実際、調査官の言葉の通り、また本人が面談する必要が生じました。

「資料がなく事実確認ができないので、こちらで調べる必要があるかもしれない」と言われたケースもありました。その後、取引先に反面調査が行われました。

調査官は数多くの調査を経験していますので、今後どのように進むのかの予測ができています。もし反面調査をされそうであれば、取引先に事前に伝えておくなどの対策もできます。

☞ 今後の方向性を知るため、予定を確認してみよう。

レアケース

税務署の判断が誤っていたケース

　税務調査によって誤りを指摘され、所得税の修正申告をしました。この相談者は、消費税の申告をしていなかったので、消費税の期限後申告もしました。税務調査は税理士に立ち会いを依頼せず、自身で対応していたのですが、調査が終わったあとの納税の相談を受けました。税務調査の内容を確認してみると、消費税の申告が不要のように感じられ、その旨を税務署に伝えてもらいました。

　すると、後日に税務署から「消費税の申告が不要であった」と連絡がありました。一度申告書を提出しているので、取下げ書を提出してほしい、とのことでした。

　筆者が指摘せずとも、おそらく申告の必要がなかった旨を伝えられたのではないかと思います。調査官の判断だけで調査が終わるわけではないからです。とはいえ、税務署から指摘された事項が本当に正しいのか、ときには検討する必要があるのです。

CHAPTER 4

その後のやり取り

「再度会ってほしい」と
言われたら？

> 調査官から、「また会ってほしい」と言われたん
> ですけど……。そんなに何度も会わないといけな
> いものなの？

⚠ **できれば時間を取って会うが、難しければ電話等での対応で調整**

（後日、電話にて）

（調）○○税務署の▲▲です。先生でしょうか？

はい。そうです。

（調）Aさんの件ですが、先日お預かりした資料をもとに検討を
進めています。何点か確認したい点やお話をうかがいたい
ので、またお時間いただきたいのですが。

えっと、また前回のような形で、ですか？

（調）はい。ただ今回は丸1日ではなく2時間程度で大丈夫です。

わかりました。予定を確認してまたご連絡します。ただ、前
回Aさんがお伝えしたように、しばらく先になってしまう
かもしれません。

（調）次回はご自宅ではなく税務署にお越しいただいても大丈夫
です。8時30分から17時の間でしたら対応できますので、

お仕事の前や仕事終わりなどに寄っていただけるようであれば、お願いします。もちろんご自宅でも大丈夫です。

夜でも大丈夫ですか？　Ａさんのお仕事終わりですと、17時までにはうかがえない可能性もあるので。

基本的には17時まででお願いしたいです。どうしても難しいようでしたら、早めにお伝えいただければ対応できるかもしれません。

直接会わないとダメですか？　電話で済むようなら、それでお願いしたいです。

電話ですと説明がしにくいところもありますので、できればお会いしてお話させてください。不明点の確認だけでなく、細かいところのお話もしたいので。

Ａさんは忙しいので、私だけでもよろしいでしょうか？

不明点などは先生にお願いして確認いただいても結構です。ただ、不明点もわかりにくいところがあるので、お会いして説明させていただいた方がいいかと思います。あと、Ａさんご本人にお話をうかがいたい点があります。

わかりにくいということでしたら、書面で送っていただくことはできますか？　不明点を書面でいただければ、それをＡさんに確認して回答します。

わかりました。では、不明点についてはまとめてから先生の事務所にお送りしますので、確認をお願いします。

わかりました。

調 Aさんにはお聞きしたいことがあるので、またお時間とっていただきたいです。日程調整もお願いします。

何度か会いたいと言われることがある

　税務調査では、初日に事業概況などの聞き取りが行われます。そこである程度の話ができますので、その後にまた時間を取って話を聞かせてほしいと言われることは稀です。

　ですが、調査が進むにつれて新たな事実が発覚したり、調査官の聞き取りができていなかった事項があったりすると、もう一度時間を取ってほしいと言われることがあります。不明点の確認で会って話をしたいと言われることもあります。

　税理士に立ち会いを依頼しているのであれば、税理士宛てに連絡があります。不明点の確認や不足資料の連絡だけであれば税理士が対応できますから、税理士に依頼している場合は税理士だけで対応してもらうようにしてもいいでしょう。

筆者も、立ち会いした調査で、もう一度納税者本人と会いたいと言われることがあります。

　納税者がすぐに時間が調整できればいいのですが、大半はそうではありません。なかなか納税者本人の都合がつけられないとなると、調査が進まず長期化してしまいます。

　ですので、納税者本人に会いたいと言われた場合、筆者は必ず**「税理士だけで対応できないか」**を確認しています。確認してみると、意外とすんなり、税理士だけでいいとなることもあるものです。不明点の確認などは、税理士が内容を聞いた後、納税者本人に確認

してから回答すればいいだけです。不明点については確認事項をまとめて税理士宛てに郵送してもらうことも可能ですから、日程調整が難しい場合には、税理士だけで対応できないか確認してもらいましょう。

> 2回め以降は、自宅ではなく税務署で話をすることが一般的です。

本人でないとダメなことも

　調査の過程で新たな事実が発見された場合などで、納税者本人でないとダメと言われてしまうことがあります。

　例えば、売上除外です。税務調査初日には気づかなった売上除外が後になって発見されたようなケースでは、なぜ売上が除外されていたのか、どうやって除外していたのか、などの聞き取りが行われます。このとき、税理士を通してではなく、直接納税者に話を聞きたいと伝えられます。

> 実際に、このようなことが何度かありました。
> あるケースでは、税務調査当日には売上もれが発見されず、後日になって判明しました。筆者自身も納税者から売上もれがある事実を知らされていなかったので、驚きました。「売上もれの件は、私から納税者に確認して税務署に伝えます」と話をしてみたのですが、納税者本人に直接会いたいと言われてしまいました。

税務署から再度納税者と会いたいと告げられるのは、脱税などの疑いがあることが多いように感じられます。項目 **44** の通り、脱税などの疑いがある場合には、質問応答記録書を作成されます。質問応答記録書は、納税者本人から聞き取りに基づいて作成されるものであるため、税理士ではなく、納税者本人と会う必要があるのです。

　再度会いたいと言われるときは、単純に不明点の確認だけの場合もありますが、なかには新たな事実が発見され、脱税などが疑われていることもあります。

☞ 税理士に依頼しているなら、税理士だけで対応できないか相談しよう。

☞ 不明点の確認だけなら、書面等で送付してもらうことも可能。

☞ どうしても本人に会いたいと言われた場合は、可能な限り早めに都合をつけよう。

何の連絡もなく反面調査されることもある？

急に取引先に連絡をされたら困ります。事前に何の連絡もないのでしょうか？

⚠ 何の連絡もなく反面調査を行うこともある

なんか、以前に雑貨を仕入れていた会社から連絡がありました。税務署から連絡があって、書類の提示を求められたらしいです。

そうですか。反面調査をされているかもしれませんね。

税務署からは何の連絡もないのに、反面調査ってされるんですか？

反面調査は事前に通知をしなくてもいいこととされているので、そういうこともあります。

そうですか。あの会社からはしばらく買っていないですし、今後も仕入れることは少ないと思うのでいいですけど。もし頻繁に取引している会社に反面調査が入られたら、大変ですよね。

はい。実際に、その後の取引に影響がでて取扱数が減ってしまったという話もあります。反面調査の際には「○○さん

の件でお話を聞かせてください」と伝えられますので、誰に税務調査が行われているのかが明確です。

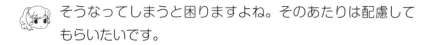 そうなってしまうと困りますよね。そのあたりは配慮してもらいたいです。

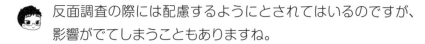 反面調査の際には配慮するようにとされてはいるのですが、影響がでてしまうこともありますね。

 取引先を調べるときには、事前に連絡がほしいですね。

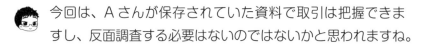 今回は、Ａさんが保存されていた資料で取引は把握できますし、反面調査する必要はないのではないかと思われますね。

事前の連絡がなく反面調査

項目 **15** の通り、税務調査で取引先を調べられるのが反面調査です。

反面調査は必ず行われるわけではなく、税務署が必要であると判断された場合にのみ行われるものです。国税庁の HP にも、次のように記載されています。

> 税務当局では、取引先など納税者の方以外の方に対する調査を実施しなければ、納税者の方の申告内容に関する正確な事実の把握が困難と認められる場合には、その取引先等に対し、いわゆる反面調査を実施することがあります。

（国税庁「税務調査手続に関する FAQ（一般納税者向け）」問 23）

運用上は、あらかじめ対象者の方に連絡を行うこととされてはいるのですが、必ずしも連絡があるわけではありません。反面調査を行う際には納税者に十分配慮することとされているものの、実際はそうでないこともあるのです。

　反面調査が行われることとなった場合には、本当にその必要があるのかを確認しましょう。上記の国税庁HPに「正確な事実の把握が困難と認められる場合」とあるように、本来は調査対象者の資料などだけでは事実がわからない場合に行われるものですので、残されている資料で事実を把握できるのであれば、その旨を主張すべきです。反面調査が行われるのであれば「自分や税理士が調べて回答する」と伝えてみましょう。取引先に税務署から連絡されるよりも、自分で連絡した方がいいでしょう。税務署側も調べるのに手間がかかるので、意外と提案を受け入れてくれることもあります。

長期になることも

　反面調査が行われると、税務調査が長期化することも考えられます。

> 実際にあったケースでは、取引先すべてに反面調査が行われたことがあります。このケースでは、一部の売上だけを別口座に入金して売上除外をしていました。それが税務調査で発見されて、他に売上がないか調べるために反面調査が行われたのです。すべての取引先に税務署から書面が送付され、回答が来るまで調査が終われない状態でした。結局、この調査は1年以上かかってしまいました。

別の税務調査では、現金取引について反面調査が
行われました。現金による売上があり、確定申告
の際にも売上に含めていたのですが、何も資料が
残されておらず、金額が正しいかどうか調べるこ
とができませんでした。そこで反面調査が行われ
たのですが、取引先にも現金取引の資料が保存さ
れておらず、事実の把握にかなり時間がかかりま
した。結局、双方に保存されていた資料から金額
を計算することとなりました。

☞ 本当に反面調査の必要があるのか確認しよう。

☞ 自分で調べることを提案しよう。

☞ 反面調査が行われると長期になることもある。

☞ まず取引先に連絡をして、今後の関係に影響がでないよ
うに心がけよう。

50 「意図的な申告もれ」と言われた！

申告に間違いがあったら、うっかりミスであっても、絶対に「脱税だ！」って言われてしまうの？

⚠ 何かしら意図的だと考える理由がある

（電話にて）

（調）先生でしょうか？ Ａさんの件でお話したいことがあります。先生だけでもいいので、一度お会いしてお話しさせていただきたいのですが。

わかりました。明後日に税務署の近くで予定があるので、そちらにうかがわせていただいてもよろしいでしょうか？ おそらく13時くらいにはうかがえると思います。

（調）わかりました。お待ちしております。

～～～

（調）ご足労いただきありがとうございます。早速ですが、Ａさんの調査で、現状でのご報告をさせていただきます。

なにか問題がありましたか？

（調）まだすべての調べがついたわけではないのですが、今のところ、事業所得については大きな問題はなさそうです。ただ、

雑貨を売っていたことについて、もう少し細かく調べたいと思っています。

申告もれとなっていたものですね。

はい。取引はそれほど複雑ではないので、所得金額を把握するのは時間をかけずに済みそうです。ですが、金額が大きいこともありまして、なぜ申告もれとなっていたのかを確認させていただきたいです。

先日、「申告することを知らなくて」と話していましたよね？

そうですね。ただ、本当にそうなのかを、もう一度確認したいと考えています。先ほど申し上げたように金額が大きいですし、以前から先生に税務相談をされていたということで、申告義務を知っていたのではないかとも思われます。

たしかに、Ａさんから税務相談は受けていました。ただ雑貨販売についてはうかがっていません。

その点を、Ａさんも含めてもう一度確認させていただきたいのです。ハッキリいえば、意図的に申告していなかったのではないかと。重加算税になる可能性も検討しています。

そんなことはないと思います。税務調査の連絡があってから調査に対する相談を受けていましたが、雑貨販売についての相談はありませんでしたから。もし意図的に申告していなかったとしたら、調査前に相談をされた際に伝えていただけたでしょう。

本当にそうでしょうか？

重加算税の対象となるのは仮装・隠ぺいなどがあった場合ですが、それらがあったという判断でしょうか？

まだ検討中で確定したわけではありませんが、その可能性が高いとも考えています。

資料を改ざんしたり、隠したりするようなことはしていません。単純に申告もれがあっただけでは、重加算税にならないかと思いますが。

まだ結論を出したわけではないです。検討を進めるにあたって、Ａさんともう一度お話させてください。

~~~

えっ。脱税だと言われたんですか!?

まだ確定したわけではないですが、その方向で検討しているようです。

いやいや。本当にごまかそうとなんてしていないですし、申告しないといけないことも知らなかったくらいですから。

税務署は、金額が大きいこともあって疑っているようです。

どうすればいいですか？

意図的ではないことは既に伝えましたが、引き続き事実を伝えていくしかないですね。重加算税の要件には当てはまらないのではないかと主張していきましょう。嘘の回答をしているわけでもありませんし、資料を隠したりしているわけでもありませんから。

意図的であるかどうかが重要

　税務調査によって意図的な申告もれがあったと判断されると、重加算税が課されることとなります。調査年分が7年分ともなれば、かなりの負担となってしまいます。

　重加算税には仮装・隠ぺいをしているなどの要件があります。簡単にいえば、うっかりミスではなく意図的に税金を減らしているような行為をしている場合に、重加算税が課されます。申告もれがあった際に重要となるのは、意図的であったかどうかです。わかっていてわざと税金の負担を減らすようなことをしていたのかどうかという点が、重視されます。

　申告内容に誤りがあったり、申告もれがあったとしても、それが単純な計算ミスなどであれば重加算税の対象にはなりません。

　・税務調査で嘘の回答をした
　・確定申告を依頼している税理士に資料を隠していた
　・何年も多額の申告もれがあった
　・資料をわざと廃棄していた

などの理由があれば、重加算税の判断をされることもありますから、注意が必要です。

意図的な申告もれだと言われたら

　税務調査で意図的な申告もれだと言われた場合には、まずその理由を確認しましょう。もし事実と違うのであれば、しっかりと違う旨を主張するべきです。何も言わなければ、そのまま税務署の判断通り重加算税を課されてしまいます。事実として意図的に過少申告

をしてしまっているなら仕方ありませんが、違うのであればその旨は主張しましょう。

実際に、主張したことで重加算税ではなくなったこともあります。

そのケースでは、売上金額（通帳の入金額）を電卓で計算していました。取引先が多く、入金の取引数も多くありました。帳簿をつけておらず、電卓での計算だけしかしていませんでした。おそらく電卓ミスだと思われますが、毎年数百万円もの金額が違っていました。税務署からは、売上金額が数百万円も違っているのは意図的な過少申告だとして、重加算税の対象となると思われると告げられました。

しかし、この相談者の場合、過少申告だけではなく過大申告となっていた年もあったのです。売上金額を少なく申告していただけではなく、逆に数百万円も多く申告してしまっていることもありました。このことから、相談者は本当に電卓間違いをしていた可能性が高い旨を筆者が主張したところ、重加算税とはなりませんでした。

別のケースで、税務調査前に修正申告したことについて、それが重加算税の対象となると告げられたことがあります。税務調査の連絡があってから修正申告をしたことで、それが税務署から間違いを指摘されることを予想して修正したものであるから、重加算税の対象であると言われたのです。

専門的にいえば、「更正の予知」があったかどう
かが論点となりました。税務署から間違いを指摘
されることを予想して修正申告書を提出した場合
には、重加算税の対象となることもあります。そ
れを指摘されました。
このケースでは、税務署から税務調査の連絡が
あった時点で修正申告書を提出しており、まだ資
料などを何も調査していない段階で修正申告した
ので、間違いを指摘されることを予想できたとは
いえないと主張しました。何度かやり取りした結
果、重加算税とはなりませんでした。

　自分で判断が難しい場合には、税理士に相談することも検討しま
しょう。重加算税の対象となるものなのかどうか、別の見方もでき
るのではないかなど、1人で判断ができない場合には税理士に相談
した方がいいです。

☞ 意図的な申告もれと判断されると、重加算税の対象とな
　　ることがある。
☞ どのような理由で意図的であると判断されたのかを確認
　　しよう。
☞ 事実と違う場合には、その旨を主張しよう。
☞ 自分で判断ができない場合には、税理士に相談すること
　　も検討すべき。

調査の途中で間違いが判明したら？

途中で間違いに気づいても、何もできないのでしょうか？

⚠ 調査官と相談し、可能であれば予納する

雑貨販売は、申告しないといけなかったんですね。わざとではなかったのですけど、どうすればいいですか？

税務調査の結果次第ですが、他に修正すべき事項があれば、まとめて修正申告をする形になるかと思います。

今の時点で間違いがわかっているのであれば、先に修正したいのですけど、ダメですか？

今でも修正申告することはできますので、先に申告と納税を済ませておくのも一つの方法です。ただ、税務調査の結果次第では、もう一度修正申告が必要となるかもしれません。

そうですか。またもう一度修正するとなると、手間ですよね。結果がでてから、まとめて修正申告した方がいいかな。

前回、税務署と話をしたとき、事業所得については大きな問題はなさそうでしたね。何かしら細かいところの指摘はあるかもしれませんが。

雑貨以外では何もなければいいですけど。

 それに、今から修正申告をしても、加算税には影響ありません。

 あれ、自分で修正申告すれば加算税が違ってくるって、以前言ってなかったですか？

 はい。税務調査が始まる前であれば違います。ですが今回は既に調査が開始されているので、変わりません。

間違いがあったら修正が必要

　税務調査の途中で、間違いがわかることもあります。結果がでていなくても、明らかな間違いが発見されて、修正しなければいけないことがわかることもあります。最終的に何を修正するべきなのかは、税務調査の結果が出てみないとわかりません。調査途中で間違いがわかった場合、その時点で修正申告書を提出することも可能です。

　ただ、実務上は、税務調査途中での修正申告はあまり行われません。税務調査の結果によっては、もう一度修正申告書を提出しなければいけなくなることもあるからです。

　調査途中で修正申告すると、調査官が嫌がることもあります。

実際に、調査途中で修正申告書を提出したことがありますが、そのときは調査官から「調査が終わるまでは、もう絶対に修正申告はしないでほしい」と言われました。

修正申告は納税者の判断で行うことができますから、調査官が「修正申告するな」と言うのは、本来おかしいことです。調査官の都合なわけですが、調査途中で修正申告書を提出されるのは好ましくないようです。調査官の都合まで考慮する必要はあまりありませんが、調査を円滑に進めるためにも協力した方がいいでしょう。

予納制度

　調査中に間違いがわかった場合、修正申告書を提出する前に納付することができる制度が「**予納制度**」です。税務調査などによって近日中に納付すべき税額の確定が見込める場合、修正申告書等を提出する前であっても、その納付すべき税額の見込金額を、税務署長に申し出て、あらかじめ納付する（＝予納する）ことができます。

　予納をすることによって、延滞税の額が少なくなる場合があります。延滞税の計算は納付された日までとなるため、修正申告を提出する前に予納をすることで金額が少なくなる場合があるのです。もし、税務調査の途中で明らかな間違いがわかった場合には、見込金額を予納することも検討しましょう。

☞ 税務調査の途中で間違いがわかっても、調査が終わるまでは修正申告書を提出することは少ない。

☞ 間違いがわかり、納付税額の見込金額を修正申告する前に、納付することもできる。それにより延滞税が少なくなることもある。

52 税務署の言うことに納得できない！

税務署から指摘された内容に納得できません……。

⚠ 納得できないときは不服申立て

（調）Aさん、本日はお時間いただきありがとうございます。早速ですが、進めさせていただきます。先日、先生にはお伝えさせていただいたのですが、雑貨販売についてもう少しお聞きしたいです。

わかりました。

（調）雑貨販売については、なぜ申告していなかったのですか？

以前もお話したように、申告することを知らなかったからです。

（調）ブログの広告収入は申告していますよね。なぜ雑貨販売は申告しなかったのですか？　金額も多額ですし、知らなかったとは思えないのですが？

ブログは収入を得ようと思ってやっていましたから。雑貨販売については、同じような雑貨が好きな人に対して趣味のような感じで始めたので、申告しなくていいと思っていました。

（調）趣味だったら申告しなくてもいいと思っていたのですか？

はい。そう思ってしまっていました。

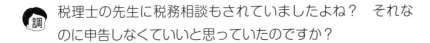 税理士の先生に税務相談もされていましたよね？ それなのに申告しなくていいと思っていたのですか？

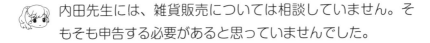 内田先生には、雑貨販売については相談していません。そもそも申告する必要があると思っていませんでした。

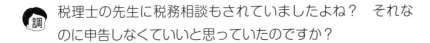 趣味とのことですが、仕入をして売っていたのですから、利益を出そうと思っていたのですよね？

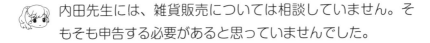 はい。好きなことで儲かったらいいな、とは思っていました。ただ、最初は本当に利益なんて考えていなくて、好きな雑貨をたくさんの人に知ってもらいたいと思っていただけです。

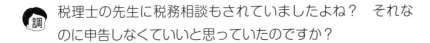 利益が出ていたら、申告しないといけないと考えるのではないでしょうか？

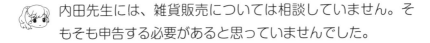 そうですね。今は色々とお話を聞いて、そう思います。申告したときはわからなかったのです。

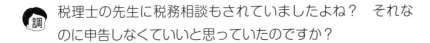 たしかに申告すべき所得を申告していなかったのですが、調査の質問に対して隠し立てすることなく正直にお話していますし、雑貨の資料を隠すようなこともしていませんよね。

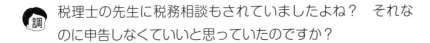 そうですね。ご協力いただいているのは助かります。ただ、やはりこれだけの金額の取引があるのに、申告する義務を知らなかったということはないのではと考えています。

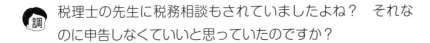 こちらとしては、事実として同じお話をするしかないのですが。

調 ひとまず雑貨販売については、前回と同じように質問応答記録書を作成させていただきます。

女 わかりました。

〜〜〜

調 本日おうかがいした内容をもとに、また検討を進めます。まだ何とも言えませんが、申告もれは意図的であったという判断になる可能性もあります。

女 事実はそうではないのですけど、私が話したことを信用していないということですか？

調 いえ、信用していないということではないです。

女 でも、お話したことと違う判断をされるということは、信用していないということですよね？

調 公平な判断をしなければいけないので、客観的に考えてということです。もし、事実でないことをお話されて、それをそのまま信じてしまったら、公平な課税はできなくなってしまいますから。

女 それはわかるのですけど。もし事実と違う判断をされてしまうと、こちらとしても納得できないです。

主張するのが基本

　税務調査では、調査官から納得できないことを告げられることもあります。

　項目**01**の通り、税務調査は公平な課税を目的としています。そ

のため、こちらが話した内容をそのまま信じてもらうのも難しいのです。万が一、納税者側が事実を話していなかった場合、それをそのまま信じてしまうと、公平な課税ができない場合があるからです。

そのため、こちらが主張したこととは異なる判断をされてしまう可能性もあります。調査官の言うことに納得できないことも多くあります。そのような場合には、根気よくこちらの主張を伝えていくことが重要です。

根負けして早く終わるならと考えて、事実とは違うことを認めてしまい、後で後悔するようなことがあってはいけません。

担当の調査官だけではなく、その上司にも話をすることが重要となります。税務調査の決定権がある上司に直接話をすることで、膠着していた調査が進むこともあります。

税務署側も、納税者が完全に否定しているところで、無理やり違う判断をすることは避けているようです。

筆者が立ち会いをした調査で、売上もれが意図的であるかどうかが問題となり、何度も税務署からの聞き取りが行われたことがあります。
相談者は、本当にうっかりミスでもれてしまったと主張をしていましたが、税務署側は意図的である可能性も疑っていました。何度も同じことを聞かれ、こちら側も同じことを主張し続けたところで、上司である統括官も同席してもらい、数か月かかってようやく調査が終わりました。
このケースでは、調査が長引いてしまったことや、その間相談者がずっと調査に協力していたこともあり、意図的な申告もれとはされませんでした。

こちらの考えを主張する際に、何か根拠資料を提示できると効果的です。たとえば、経費であるかどうか疑われたときに、本当に経費であることを示す証拠などです。税務署は何かしらの根拠資料があると納得してもらいやすいです。

不服申立てや訴訟も

　税務調査の結果、どうしても納得できない場合には、**不服申立て**というものをすることができます。納得できないからもう一度検討してほしい、と申し立てるのです。

　それでも税務署側の判断が変わらない場合には、**訴訟**が最終手段となります。とはいえ、実際は訴訟まで発展することは稀で、それまでにはお互いに歩み寄り、決着を目指すものです。

☞ 事実と違う判断をされそうなときには、主張を続けることが大切。

☞ 調査が進展しない場合には、上司に直接話をしてみよう。

☞ 訴訟をすることも可能だがそこまで進むケースは稀。

53

落としどころを
どうすればいいの？

税務署から指摘された修正事項は、絶対にその通りに修正しないといけないんですか？

⚠ 交渉できる場合もある

（後日、電話にて）

（調） 先生でしょうか？　Ａさんの件ですが、検討が終わりましたので、調査結果の説明をさせていただければと思います。またお時間いただきたいのですが、ご都合いかがでしょうか？

（） わかりました。では明日うかがいます。

〜〜〜

（調） 時間がかかってしまって申し訳ございませんでした。検討が終わりましたので、ご報告をさせていただきます。まず、事業所得については、大きな問題はありませんでした。ガソリン代として経費になっているところがありましたが、趣味のドライブに関するものだと思われますから、経費から除いていただきたいです。あとは、ご自宅の家賃や光熱費を経費にしているのですが、管理会社からライブ配信されていることが多いようですので、こちらも除いてください。

交際費の飲食代も、ご自身の食事代が含まれているようですので、こちらもすべて修正をお願いします。一覧にしたものがあるので、お渡しします。

今うかがった事項については検討してみます。食事代はすべてですか？

はい、すべてです。

すべてというのは厳しいですね。たしかにＡさん自身の飲食代もあるようですけど……。

ハッキリと区別が難しいので、今回は全額否認と考えました。

家賃も全額ダメなんですか？　自宅からの配信もかなりされていますが。

そうですね。家賃については検討していただいて、お考えをうかがわせてください。現状では経費から除いていただきたいと考えています。

わかりました。Ａさんに伝えて検討します。

それから、雑貨販売についてです。こちらの所得も含めて、修正をお願いします。収入と経費については、こちらで集計したものがありますので、お渡しします。ご確認ください。いまお伝えした内容について問題がなければ、修正申告をお願いします。

わかりました。持ち帰りＡさんにも伝えて検討します。以前からお話していた雑貨販売の件はもちろん修正するのですが、加算税の扱いはどうなりますか？

今回お伝えした修正事項についてそのまま納得していただけるようでしたらこれ以上追及せず、早期に終了したいと思っています。過少申告加算税とさせていただこうと考えています。ただ、もしお伝えした内容で納得できないような点がありましたら、再検討させていただくこともあります。

なるほど。わかりました。

本日の内容をＡさんにお伝えいただき、ご検討ください。それからご連絡をお願いします。その後、正式に調査結果の説明をさせていただきます。それから、今回は修正申告を要しないですが、いくつかお願いがあります。消耗品費の領収書のなかに「お品代」としか書かれておらず、内容がわからないものがありました。購入したお店からおそらく仕事のものだと判断しましたが、次回からは内容をわかるようにしておいてください。スイカなどICカードの利用履歴も、必ず保存をお願いします。今回、飲食代は修正をお願いしたいのですが、相手先や目的などを記載しておくようにお願いします。

〜〜〜

そうですか。経費が結構削られてしまうんですね。雑貨販売については仕方ないですけど……。

そうですね。ガソリン代などは仕方ないですけど、ご自宅の家賃などは認めてほしいところですね。自宅でもお仕事されているわけですから。

たしかに管理会社での配信もありますけど、家で配信することも多いですよ。家賃は経費として主張することはでき

ますか？　それに、飲食代も全部ダメというのも、ちょっと厳しいですよね。

飲食代には、管理会社と打合せしているものも含まれていますよね？

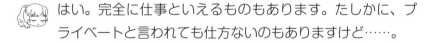はい。完全に仕事といえるものもあります。たしかに、プライベートと言われても仕方ないのもありますけど……。

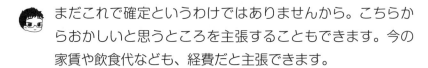まだこれで確定というわけではありませんから。こちらからおかしいと思うところを主張することもできます。今の家賃や飲食代なども、経費だと主張できます。

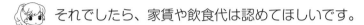それでしたら、家賃や飲食代は認めてほしいです。

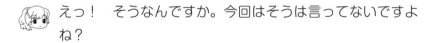わかりました。ただ、心配なのは、経費であることを主張することで、税務署側ももう一度検討することになると思います。そうなると、雑貨販売について、今度は重加算税だと言ってくる可能性もあります。

えっ！　そうなんですか。今回はそうは言ってないですよね？

はい。今回は重加算税ではなく、過少申告加算税と言ってました。おそらく、過少申告加算税にする代わりに、これで早期終了したいということだと思われます。

うーん、じゃあ、ちょっと納得できないところもありますけど、これで修正申告した方がいいですかね？

これで修正申告すれば、過少申告加算税で終わるかなと思います。納得できないようであれば、主張することもでき

ます。その場合はちょっと長引きますし、やはり重加算税
と言ってくるかもしれません。

 どうするのがベストでしょうか？

 飲食代や家賃は経費としてほしい旨を伝えてみて、反応を
みましょう。もしダメそうなら、税務署が告げてきた内容
で修正申告する方向がベストかと思います。おそらく飲食
代は厳しいかもしれないですけど、家賃については認めら
れる可能性があるように思います。

 わかりました。それでお願いします。

修正事項

　税務調査の検討が終わると、税務署から修正してほしい事項を伝
えられます。これには必ず応じなければいけないわけではありませ
ん。あくまで税務署側が修正してほしい事項です。
　修正事項には、明らかに間違いで絶対に修正が必要なものと、そ
うでないものがあります。絶対に修正が必要なもの（例えば売上も
れ）については、交渉をする余地もなく修正が必要です。
　一方、飲食代などは、経費であることを主張して交渉する余地が
あります。さすがに経費でないものを経費だと主張することは無理
というものですが、経費であると考えているものであれば、そのよ
うに主張すべきでしょう。税務署から告げられた修正事項について
納得できないものがあれば、理由を説明して主張しましょう。
　税務署が指摘してくる修正事項については、

> ①絶対に修正が必要なもの
> ②できれば修正してほしいもの
> ③ひとまず伝えておくもの

があります。このうち、②できれば修正してほしいものと、③ひとまず伝えておくものについては、話をすることで認めてもらえることもあります。

　③ひとまず伝えておくものについては、**指導事項**といわれることがあります。今回は修正を要しないが、今後改善してほしいというものです。

落としどころ

　税務調査は、税務署から指摘された修正事項について修正することで終了します。指摘された修正事項について、すべて納得して修正すれば終わるのです。

　納得できない場合には、繰り返すようですが理由を説明して主張することとなります。「できれば修正してほしいもの」については、こちらの説明について税務署側が納得すれば、認めてもらえることがあります。

　ここでよくでてくる話が、**落としどころ**です。落としどころとは、どこで調査を終わりにするのか、つまり「これは認めるけど、こちらは修正する」といったことです。税務調査では、一件ごとにこの落としどころを考えることとなります。何も問題なく修正事項がないケースもありますが、何かしら修正事項がある場合には、落としどころを考えます。落としどころには「絶対にこうするべき」といったものはなく、その調査ごとに考える必要があります。

こちらの考えをただ主張するだけでは、難しいこともあります。主張にあたっては、

> ・早期に修正申告書を提出する意思を示す
> ・上司に説明できるようにしてあげる

のがポイントです。いずれも税務署の調査官の都合を考えてのことです。

調査官とすれば、納税者から自主的に修正申告書を早期に提出してほしいものです。そのため、これを認めてもらえればすぐに修正申告するということも大切になってきます。

調査官が上司に説明できるようにしてあげることも必要です。調査官は、上司に報告しなければいけません。その際に調査官が説明しやすいように資料の用意等をすることで、認められやすくなります。

すべてを認めてもらうのは難しいので、税務署からの指摘事項についてどこを修正してどこを主張するのかは、慎重に判断する必要があります。

Aさんのように「すべて認めて早期に修正申告をしてもらえれば」と告げられることもあります。そのまま税務署の指摘を受け入れるのか、主張を続けるのかにより、結果が大きく変わってくることもあります。

実際にあったケースで、税務署から「すべて認めて修正申告すれば、これで終わりにする」と告げられたことがあります。

このケースでは、納税者が指摘事項をどうしても納得できず、税務署の提案を受けることなく主張を続けることとしました。結果、調査が続けられることとなり、長期化しました。さらには当初に指摘されなかった事項まで修正が必要となり、負担が増えてしまうこととなりました。

結果論から言えば、このケースでは、最初に税務署からの提案を受けていた方がよかった、ということになります。

逆のパターンになったケースもあります。

やはり、税務署から指摘された事項について納得ができず、主張を続けていたところ、異動により担当者が変わることとなりました。担当者と上司が変わったことで、税務署の見解も変わり、主張が認められる結果となったのです。

☞ 税務署からの指摘について納得できなければ主張すべき。

☞ 落としどころをさぐって交渉しよう。

54

消費税で気をつけることは？

消費税の税務調査……？
所得税となにか違うの？

> ⚠️ **所得税とは違うポイントがある**

消費税はそこまで細かく調査されないこともある

消費税も、所得税と同様に調査されています。所得税の調査を進めていく中で、あわせて消費税の調査もしているのです。

消費税の調査だけをすることは稀で、売上と経費の修正が必要となった際に、それに伴って消費税の修正申告も必要となることが通常です。

消費税の制度は複雑です。税率の変更、経過措置や軽減税率など、申告書を作成する上で気をつけなければいけないことがたくさんあります。これらをすべて把握して正確な申告書を作成するのは大変です。何か誤りがあれば、税務調査で指摘され、修正申告が必要となります。

売上となるものを、消費税の計算上で課税にならないとしていたりすると、指摘されます。ですが、課税かどうかなど細かいところよりも、そもそもの売上や経費が合っているかどうかを重点的に調べられます。税務調査は時間が限られていますから、細かいところまでは見ていられないのでしょう。

消費税については、勘定科目によってチェックしている程度のこ

とが少なくありません。たとえば、保険料や減価償却費は、消費税の計算上は対象となりません。このように、通常は対象とならない科目がしっかりと処理されているかを確認するのです。筆者も実際に、このような勘定科目だけでチェックされたケースを何度も経験しました。

消費税については、帳簿の作成も重要となります。もちろん所得税でも帳簿は必要ですが、消費税においても必要となるのです。項目23でも説明した通り、領収書などの資料が保存されていないと、消費税の仕入税額控除が認められなくなります。帳簿の作成保存がない場合も同様です。

実際に、仕入税額控除が一切認められず税務調査が終わり、かなり多額の負担となってしまったことがあります。このときは、税務調査が終わってからの相談だったので、筆者としてもできることが限られてしまっていました。

繰り返すようですが、消費税の税務調査においては、支払の事実を示すことができる資料を用意することが非常に重要です。銀行通帳、クレジットカード明細や領収書を再発行してもらうなどして、支払の事実を示すのです。

ケースは少ないですが、消費税の調査だけ行われたこともあります。あるとき、消費税の簡易課税の事業区分についての調査がありました。確定申告の内容から、事業区分が誤っていると思われるとのことでした。資料を確認しての調査は行われず、こちらで確認して税務署に伝えるだけで、調査は完了しました。

個人の税務調査において消費税は、そこまで細かく調べられる
ケースは少ないです。インボイス制度[*]、軽減税率や特例措置など、
気をつける必要はありますが、それよりも重要なのは、売上や経費
をしっかりと計算することです。

☞ 基本は所得税の調査が中心。

☞ 細かい点を気にするよりも、売上と経費を間違えないよ
うにすることが重要。

☞ 帳簿の作成保存と資料の保存が大切。

---

[*]　インボイス制度……2023年10月1日開始の、消費税の仕入税額控除に
関する制度。一定の事項が記載された領収書や請求書等がないと納付す
る消費税の負担が重くなる。免税事業者にも影響がある。
　なお、本書執筆の時点では、国税庁（税務署）はインボイス制度にま
つわる税務調査について、従来と変わらず大口で悪質な事例に限定して
実施する考えであると報道されている。

55 納税はいつ、どうすれば いい？

税務調査で発生した税金は、いつ納付すればいい ですか？

⚠ 速やかに納付する（納付できないときは相談）

Aさんと話をしましたところ、基本的には前回の内容で承諾したいとのことでした。ただ、飲食代は仕事の打合せもあるので、全額経費から除くのはおかしいのではないか、また、自宅でも仕事に関する作業をしているので、家賃がまったく経費にならないのはおかしいのではないか、と考えています。

（調）そうですか。わかりました。ただ、飲食代はどれが仕事のものか、わからないですよね？

たしかに今となっては、どの飲食代が仕事にかかるものなのかはわかりません。ですが、仕事の打合せが含まれているのも事実です。

（調）おっしゃる意味はわかりますが、明確に仕事との関係がわからないと、経費として認めるのは難しいですね。

では、家賃は認めていただくということではいかがでしょうか？　自宅からライブ配信しているのは間違いありませんし、仕事との関連も明確でしょう。

（調）たしかに家賃については考慮できます。現在の、経費にされている金額そのままというわけにもいかないのですが。

であれば、交際費は指摘に従いますので、家賃についてはそのまま認めていただくのではいかがでしょうか？

（調）そうですね。それであれば上司の理解も得られるかもしれません。上司に報告してきますので、少しお待ちいただけますか？

〜〜〜

（調）上司に相談してきまして、先ほどの内容で OK とのことでした。

わかりました。交際費は全額経費から除いて、家賃はそのまま修正なしということですね。

（調）はい。上司にもそこまでは了承を得ていますので、大丈夫です。それでは、修正申告書の提出をお願いしたいのですが、いつごろ提出できそうですか？

Ａさんの了承を得られ次第、すぐ提出します。

（調）お願いします。納税はいかがでしょうか？　一括で納付できそうでしょうか？

納税については確認してご連絡します。

（調）お願いします。では、正式に調査結果の説明をさせていただきます。

〜〜〜

では、これで修正申告書を提出すれば、調査は終わるということですね？

はい、終わりです。

ちなみに、修正申告しなかったら、どうなるんですか？

その場合は「更正」といって、税務署側で金額を決めることとなります。手続きに時間がかかります。

どちらでも変わらないんですよね。

修正申告はこちらが納得して提出するので、後から「やはり納得できない」とは言えません。税務署が更正した場合は、後から不服を言うこともできます。

それなら後から不服を言えた方がいいような気もしますけど、でも長引いてしまうんですよね。でしたら、修正申告して早く終わらせたいです。

そうですね。修正申告をするからこの内容で終わる、という面もありますから。

修正申告書は自分で作らないといけないんですか？　今回は内田先生にお願いしているから大丈夫ですけど、自分で作るとなると大変そうですね。

税理士が関与していない場合は、税務署側で原案を作成してくれることもありますよ。

そうなんですね。ところで納税はどうすればいいですか？

納税は一括が原則です。数年分なので金額も大きくなりますが、いかがでしょうか？

うーん、なんとかなるかな。どれくらいお金があるか調べて、考えてみますね。

もし一括で納付が難しい場合は、相談する必要があります。財産状況などによって分割納付になります。

できれば一括の方がいいんですよね？

はい。分割にすると納付するまで延滞税がかかりますから。

そうですか。なるべく一括で納付できるようにします。

● 原則は一括払い

　税金の納付（≒支払）は、原則として一括払いです。税務調査で発生した税額も、一括での納付が必要となります。

　税務調査では数年分の税額が発生することもあり、多額の納付が必要となることもありますが、それでも原則は一括払いなのです。

　税務署に納税する所得税や消費税だけでなく、住民税や事業税の納付もあります。国民健康保険の納付が必要となることもあります。これらが数年分発生することがあるのです。

● 納税が難しい場合は

　一括での納付が難しい場合には、納付相談をすることとなります。税金を支払えないとすぐに差押えされる、と思っている人もいるものですが、そうではありません。

　もちろんずっと納付をしないでいれば、いずれ差押えされることもありますが、すぐではありません。催告書などが送付され、それでも相談がない場合に、財産調査をした後に差押手続きとなります。

　納付が難しい場合には、税務調査の担当者に相談しましょう。実際の納付相談は、調査官とは別の部門が担当となります。担当が変わるのですが、税務調査の担当だった調査官に相談することで状況を伝えられていますから、スムーズな相談が可能です。

　その後、徴収部門と相談をすることとなります。毎月の収支、財産状況などからどの程度の納税ができるのかを相談します。納税相談は何度か行うこととなります。

　大切なのは、**納税する意思を見せる**ことです。納税相談は長期になることもあります。途中で税務署と連絡を取るのがイヤになってしまい、相談をやめてしまう人もいます。そうなると、差押手続きを進められてしまいかねません。

　相談を進める中で、税務署から連絡が来ることもあります。すぐではなくても、折返し連絡すべきです。もし、約束した金額の納税ができない場合には、その旨を伝えるようにもします。とにかく納税する意思があることを示すことが大切です。

● 納税猶予

　納税が難しい場合には、猶予制度もあります。

　国税の猶予制度は、一時に納税をすることにより事業の継続や生活が困難となるときや、災害で財産に損失が生じた場合などの特定の事情があるとき、税務署に申請することで、最大1年間、納税が猶予される制度です。

　納税相談をすると、この猶予制度の申請を提案されることもあります。

☞ 原則として一括納付。

☞ 一括納付が難しい場合には必ず相談しよう。

☞ 納税する意思があることを示すことが大切。

レアケース

住民税だけ申告していたケース

　筆者のもとには、住民税の申告だけをしていたという相談も舞い込みます。

　ある相談者は、税務署に対して所得税の確定申告をせず、市役所に対して住民税の申告をしていました。住民税の申告をすることで、税金の申告はすべて完了したものと誤解していたのです。

　結果、税務調査の対象となり、調査官から無申告である理由を問われることとなりました。相談者はきちんと申告しているつもりであったため、当初は非常に驚いていましたが、勘違いしていた旨を説明し、理解してもらえました。各種資料がキッチリと残されており、住民税の申告も計算誤りがなかったことから、大きな問題とはなりませんでした。

　また、所得税の申告をせず、住民税の申告では「親の扶養になっている」と記載していた相談者がいました。実際にはヤフオクで年間 2,000 万円以上を売り上げており、利益もあったにもかかわらず、どのように確定申告をしていいかわからず、市役所から送付されてきた申告書にとりあえずの記載をし、返送していたのです。

　税務調査では、この行為が意図的に所得を隠そうとしていたのではないかとして厳しく問われ、最終的に重加算税を課されることとなりました。

　税金のことがわからないからといって、安易に「扶養に入っている」などと申告してはいけません。税務署は、住民税の申告状況も確認しているのです。

CHAPTER 5

今後の税務調査に備えて

56 適当な申告で何も準備していなかった場合（最悪のケース）

適当な申告をしていて何も資料が残っていないときは、どうなるの？

⚠️ **結果が大きく異なることもある**

何もやっていないと

ここでは、Aさんと違って確定申告をしっかりやっておらず、何も準備をしていなかったBさんのケースについて、税務調査当日からの流れをみていきます。

 ……お仕事の内容や流れはわかりました。次に確定申告について聞かせてください。確定申告書はどうやって作成していましたか？

🙍 自分で作成してます。

 そうですか。帳簿はありますか？

🙍 作ってないです。

 では、売上や経費はどうやって計算されましたか？

🙍 前の年の申告書を見ながら、大体の数字を書いています。

 何も集計はされてないですか？

してないです。

 前年の数字をもとに、適当に書いていたということですか？
収支内訳書の数字を見ると、100,000 円のように 0 が並ん
だキレイな数字ではなくて、1 円単位まで数字が入っていま
すが？

 全部キレイな数字だと怪しいかと思って、適当に書きました。

 売上も適当に書いたんですか？　毎年 900 万円くらいです
けど、これも全部適当ですか？

 はい、そうです。

 昨年だけザッと確認しても 1,000 万円は超えていますけど、
なぜ 900 万円にしたのですか？

 「1,000 万円超えると消費税を支払う必要がある」と聞いた
ので。

 そうですか。細かいことはまた後ほど聞かせてください。帳
簿はないということですけど、請求書や領収書など確認さ
せてもらえますか？

 すいません。何も残っていないです。

 何もないですか。請求書や領収書も？

 何もないです。引っ越しのときに全部処分してしまって。

 では、何が残っていますか？　現金売上の際に相手に渡す
領収書は？　通帳もないですか？

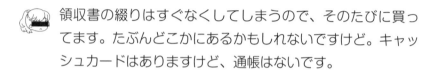

領収書の綴りはすぐなくしてしまうので、そのたびに買ってます。たぶんどこかにあるかもしれないですけど。キャッシュカードはありますけど、通帳はないです。

そうですか。銀行口座はこちらで調べてみます。本日はもう少しお話をうかがわせてください。

〜〜〜

時間がかかってしまって申し訳ありません。一通りの調査ができましたので、報告いたします。

取引先も調べたんですよね。随分細かく調べられて「いい加減にしろ」って怒られちゃいましたよ。そんないい加減なことされたんじゃ迷惑だからって、取引しないとまで言われてしまって。どうしてくれるんですか？

何も資料が保存されていませんでしたから、取引先を調べさせていただきました。こちらなりに配慮して進めさせていただいたつもりです。調査させていただいた結果、かなりの売上もれがありました。当初申告されていた金額の2倍以上の売上金額となります。それも毎年です。

そんなにありました？　ちゃんと計算してないからわからないですけど。

調べてみると振込だけでなく、現金売上もかなりありますね。取引先を調べてわかりました。あと、経費については、今までの聞き取りとこちらで銀行口座を調べて判明したものを集計しました。

銀行も調べたんですか？

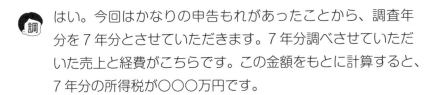 はい。今回はかなりの申告もれがあったことから、調査年分を7年分とさせていただきます。7年分調べさせていただいた売上と経費がこちらです。この金額をもとに計算すると、7年分の所得税が〇〇〇万円です。

 えっ！　そんなになりますか。

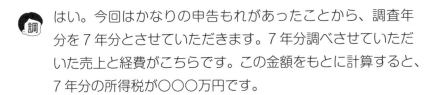 それと、毎年売上金額が1,000万円を超えているので、消費税の申告も必要となります。経費関係の資料が何も残されていないですし、帳簿もないことから、消費税については仕入税額控除が認められません。そのため消費税だけで〇〇〇万円となります。今回は重加算税とさせていただきますので、重加算税が〇〇万です。合計で〇〇〇万円です。納付までの期間に応じて延滞税も発生します。

 いやいや、とても払えないですよ。

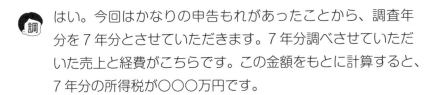 今申し上げた金額のほかに住民税や事業税、国民健康保険などの納付も必要になります。

 取引先に反面調査されたことで文句言われてしまっているし、仕事が減るかもしれないのに、払えないですよ。

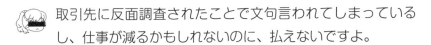

税務調査でもっとも負担が重くなるケース

　フリーランス（や個人事業者）の税務調査でもっとも負担が重くなるのは、以下のようなケースです。

・調査年分が7年分となる

・重加算税が課される

・消費税の仕入税額控除が認められない

・反面調査を長期間される

　調査年分が７年分になると、単純に納付すべき年数が増える分、税負担が増えます。さらに重加算税となれば、それだけでかなりの負担です。

　何も資料が残されていない場合には、消費税の仕入税額控除が認められないことがあります。消費税は、「売上の際に預かった消費税」から「経費を支払った際の消費税」を差し引くことができます。何も資料が残されていないと、この「経費を支払った際の消費税」を差し引くことができず、かなりの納税額となってしまうのです。

　何も資料が残されていない場合には、反面調査で取引先を調べられることがあります。資料がないために一からすべての取引を把握する必要があることから、長期に及ぶこともあります。

　さらに、白色申告の人で、何も資料が残されていない（帳簿や領収書などの直接的な証拠が不十分な）場合、税務署は、売上や経費を推定して納税額を計算・決定することもあります（**推計課税**といいます）。やはり、かなりの税負担となる可能性があります。

● 事前に相談を

　筆者が立ち会いをした調査では、上記すべてが該当した案件はありません。ただ、調査年分が７年分になったり、重加算税を課されたケースはあります。いずれも事前に準備や相談等をしておらず、調査が始まってから立ち会いの依頼を受けました。

　税務調査の結果がでてから相談をいただくことも、よくあります。実際に上記にあげた４つに該当する相談を寄せられたことも何度か

あります。既に税務調査が終わってからでは、税理士にできること などほとんどありません。紛失したと思われた経費関係の資料が見 つかったなどであれば別ですが、何もない場合には、できることは ないのです。事前に相談をいただいていれば、大きく結果は変わっ てきます。

実際に、自身で確定申告書を作成しており、適当 な数字で申告しているケースがありました。資料 も何も残されておらず、どうしていいかわからず に相談をいただいたのです。
このケースでは、可能な限りで資料を再発行し、 税務調査の前に修正申告書を提出しました。結果 は5年分の調査、過少申告加算税となりました。 消費税についても、再発行できた資料については、 仕入税額控除も認められました。事前に相談をし て、しっかりと準備することが重要です。

☞ 事前にしっかりと準備をするかどうかで、結果が大きく 変わることも。
☞ 税理士に相談するなら税務調査が始まる前に。調査が始 まってからでは、できることも限られる。

57 同じ人を何度も調査することはあるの？

税務調査が終わったら、もう安心ですよね？

⚠ 次回からの確定申告に活かす

なんとか納税もしたので、これで調査は終わりですね。

はい。これで終わりです。

ありがとうございました。できれば2度と体験したくないです。でも、今回調査があったから、私にはもう税務調査はありませんよね？

いえ、そうとも限りません。数年後にまた行われることもあります。

えっ！　そうなんですか。

はい。同じ人にもう一度調査が行われることもありますよ。

そうなんですね。今回で税務調査というものがわかりましたけど、やっぱりもう避けたいです。

もう一度税務調査が行われるかどうかはともかく、今後は今回の税務調査の結果をしっかりと踏まえて申告するようにしましょう。

● 今後の申告は税務調査の結果を確認して

　税務調査が終わったら、結果をしっかりと確認しておく必要があります。何を修正したのか、何を指摘されたのかを確認しましょう。税務調査は今後、適正な申告をしてもらうための指導でもあります。

　今回の税務調査による修正事項はもちろんですが、指導項目も重要です。指導項目は、今後に適正な申告をしてもらうために伝えられるものですから、今後の申告では当然ながら、その項目についても注意すべきです。

　指導された項目についてもう一度税務調査があった場合、改善がなかったとすると、修正をしなければいけなくなります。また、指導に従っていなかったということで、厳しい対応をされる可能性もあります。

● もう一度税務調査が行われることもある

　勘違いしている人も多いのですが、税務調査は一度行われたから終わりとは限りません。数年後にもう一度行われることもあります。法人だけではなく、個人事業者であっても同様です。

　実際に、2度の税務調査が行われた相談者がいました。
　相談者は、数年前に1度目の税務調査を受けていました。その後、自分で確定申告書を作成・提出していたのですが、再び税務調査の連絡があり、筆者に立ち会いの依頼があったのです。
　このケースでは、1度目の税務調査の際に売上もれなどがあり、重加算税が課されていました。修

正事項や指導項目がたくさんあったようで、修正
事項は修正申告書を確認することである程度は把
握できましたが、指導項目はわかりませんでした。
記録もなく、相談者の記憶に頼るしかなかったの
ですが、はっきり覚えていない状態だったのです。
結果、２度目の税務調査が行われ、前回の指導項
目が改善されていないとして、今回は修正してほ
しいと告げられました。１度目と２度目で、税務
署の担当者は別人でしたが、税務調査の記録は引
き継がれていました。

税務調査の結果はしっかりと確認し、記録を残しておきましょう。

☞ 修正した事項だけでなく、修正をしなかった指導項目に
　ついても記録しておこう。
☞ 今後の申告は、税務調査の結果を踏まえて行おう。

58 前回は大丈夫だったのに
......

2回めの調査で、前回OKだった箇所を指摘され
ました！　なぜ!?

⚠ 税務調査はケースバイケース

● 税務調査で指摘されなかった事項

　税務調査では、何も指摘されないこともあります。何も誤りがな
ければ当然、何も指摘されることはありません。

　一部を修正事項として指摘された場合に、他の項目が完全に認め
られたというわけでもありません。たまたま今回の税務調査では指
摘されなかっただけ、ということもあり得るのです。

　よく聞かれるのが、「前回の税務調査では何も言われなかったの
に」という言葉です。前回の税務調査では何ら問題となることなく
指摘もなかった項目について、ずっと同じように処理していたのに、
今回の税務調査で誤りだと指摘されるということもあるのです。調
査官にとって、限られた時間ですべての誤りを発見・指摘するのは、
非常に難しいのです。重要性の高いところや、金額が大きいところ
を重点的に調査するので、どうしても見落としや指摘できないこと
もあります。

　場合によっては、1度目の調査と2度目の調査で、税務署の見解
が変わることもあります。

実際に、消費税の扱いで見解が変わったことがあります。その相談者は1度目の税務調査の際、消費税の申告について指摘を受けました。自分で申告書を作成し、簡易課税を選択していたのですが、原則課税で申告をしてしまっていたのです。税務調査により簡易課税での申告をすることになり、事業区分が3種になるとして、申告書を提出したのです。その後も3種で申告をしていました。

その後、2度目の税務調査があり、筆者に立ち会いの依頼がありました。この調査では、事業区分が3種ではなく4種になると告げられたのです。前回の調査で税務署から3種になると指導された旨を説明し、再検討してもらったのですが、4種として修正申告が必要となりました。相談者の仕事内容は変わっていません。仕事内容からすると、4種になるかと思われる内容でしたので、前回の調査の判断が違っていたのかもしれません。

　このように、前回の調査で指摘されなかったことが次回では指摘されることもありますし、違う見解を示されることもあります。

☞ 何も指摘されなかった事項についても、次回は指摘される場合もある。

☞ 税務調査の結果は記録しておき、次回の調査時に異なる見解を示された場合には、記録を確認する。

CHAPTER 6

無申告の税務調査

59 無申告の一番の対策は？

そもそも無申告だった場合、税務調査の連絡がきたらどうなるのかな……？

⚠ すぐにでも確定申告

（電話にて）

 Cさんでしょうか？

 はい、Cですけど。

 ○○税務署個人課税○部門の○○と申します。今回Cさんに対して、税務調査を行わせていただきます。これから法令で定められた事前通知を行いますが、少しお時間よろしいでしょうか。

〜〜〜

 先生！　突然すいません。

 お問合せありがとうございます。税理士の内田です。

 実は税務署から連絡が来てしまって、どうしたらいいかわからず、ネットで先生のことを見つけて連絡しました。

 そうでしたか。

税務調査の対応をしていただけるとのことで、お願いしたいです。

 では、過去の確定申告書のお控えを拝見させていただいてもよろしいでしょうか？

 実は、確定申告をしていないのです。

● 確定申告することが一番の対策

　無申告の状態で税務調査の連絡があった場合には、すぐにでも確定申告をした方がいいです。

　税務調査が開始する前に確定申告書を提出することで、加算税（項目 **06**）に影響します。

　期限後申告となると、無申告加算税は5％です。税務調査によって税務署から無申告であることを指摘されると、税率は15％になります。税務調査の連絡があってから、税務調査の開始前に確定申告書を提出した場合は、税率10％です。

　無申告の場合、通常は売上や経費を集計していません。そのため一から集計しなければいけなくなります。取引が複雑ではなく取引数が多くなければ、それほど時間はかかりませんが、一から集計する必要があるので、通常の税務調査よりも時間がかかることが多いです。

　期限後に提出する確定申告書は、普通に確定申告するのと同じ方法です。ただ期限後だということです。

　確定申告書を提出することが一番の税務調査対策となるわけですが、今まで何年も無申告であった人が自分で確定申告書を作成するのは大変です。自分で確定申告書を作成できない場合には、すぐに

税理士に相談しましょう。

　なお、税務調査の内容自体は、通常の税務調査と変わりません。

収入があっても申告義務がないことも

　そもそも収入があったとき、絶対に確定申告しないといけないわけではありません。誤解している人もいるものですが、個人事業者やフリーランスだからといって、必ず確定申告をしないといけないわけではなく、収入があっても確定申告義務がないこともあります。

　よく知られているのは、宝くじの当選金です。宝くじの当選金という収入は非課税のため、確定申告をする必要はありません。

　また、事業収入があっても、赤字である場合には、税金が発生しませんから、原則として確定申告の必要はありません。

　とはいえ、無申告が原因で税務調査を受けるリスクもあるため（項目 **04**）、赤字であっても確定申告はした方が無難といえます。青色申告をしている人であれば、損失を申告することで翌年以降の３年間に赤字を繰越しできるというメリットもあります（純損失の繰越控除といいます）。

☞ 無申告の状態で税務調査の連絡があったら、すぐにでも確定申告しよう。

☞ 自分で確定申告書を作成できない場合には、税理士に相談するべき。

☞ 無申告でも税務調査前に確定申告することで、加算税に影響するし、早期終了につながる。

---

60 無申告であった理由は？

無申告だと、どんな理由であっても厳しい対応を
されるんですか？

⚠ 理由によって結果がかわることも

　無申告の税務調査では、開始時に「申告義務の有無の確認」と言
われます。無申告であった理由が、

- ・確定申告する義務があることを知っていたのか
- ・税金を払いたくなかったのか
- ・何か特別な理由があったのか

などを、最初に確認するのです。

　その理由によっては、加算税に影響することもあります。納税し
たくないあまり、税務署が収入を把握できないよう何らかの工作を
していたとなれば、重加算税の対象となることもあります。

筆者の相談者でも、重加算税になったケースがあ
ります。売上金額が入金される銀行口座を取引先
ごとに分けて何か所も作ることで、売上金額を分
散させて、収入金額を把握できないようにしよう
としたケースです。

確定申告義務があることを知りながら無申告でいて、重加算税とならなかったというケースもあります。このケースでは、債務整理をするために弁護士に依頼をしており、その弁護士から確定申告をするのは待ってほしいと告げられていました。弁護士の言葉通りに確定申告をしないでいたのですが、その弁護士の事務所移転などの関係もあり、債務整理の手続きが長引き無申告の期間も増えてしまっていました。税務調査により、実際に弁護士の指示であったことが確認できたことから、重加算税は課されませんでした。

　そのほか無申告であった理由として、「確定申告のやり方がわからず、ズルズルと何年も続いてしまった」というのもよくあります。

「確定申告時期に、一度だけ税務署に行って相談したことがあるが、何を言っているのか理解できず、そのまま帰ってしまった」という相談者もいました。

　このような場合には、ほったらかしにせず、税理士に相談することを検討すべきです。

☞ 無申告であった理由を答えられるようにしておこう。

61

資料がまったく
残ってない場合は？

無申告の場合、事前の準備は必要ですか？

⚠ **早急に準備するべき**

急いで資料の準備を

　今まで無申告を続けてきたという人の場合、資料がすべて揃っていないことがほとんどです。無申告の場合は一から収入と経費を集計しなければならず、膨大な時間がかかります。税務調査の開始までに確定申告書を提出するとなると、相当急がないといけません。早急に、まずは何が足りないのかを把握しましょう。

　紛失している資料がある場合、可能な限り再発行した方がいいのは、項目 **23** の通りです。たとえ税務調査当日までに再発行が間に合わなかったとしても、それでも再発行した方がいいのは間違いありません。

　銀行の通帳やクレジットカード明細など、可能な限り再発行すべきですし、WEB で購入したものについても、何かしら記録が残っていればできるだけ揃えた方がいいです。

　Aさんのときにも説明しましたが、何も資料がなくてとくに困るのが消費税です。消費税については、帳簿の作成保存と原始資料の保存がないと、仕入税額控除ができず、かなりの税負担が発生します。

● 概算での申告も検討

　とはいえ、税務調査日まで日数が足りないケースが多く、すべてを揃えることができないこともあります。

　どうしても書類が用意できないという場合には、厳密な計算を諦め、概算で確定申告することも検討すべきです。何も書類がないからといって、経費がまったく認められないというわけではありません。販売業であれば仕入が必ずあるはずであることから、仕入を認めてもらう余地もあります。

> 実際にあったケースで、昨年1年分だけしか資料が残っておらず、その1年の所得率を算出して過年度の所得を算定した経験があります。同じ仕事をしていれば所得率が大きく変わることもないだろうということで、毎年同じ割合を用いて計算したのです。

> 別のケースで、何も資料が残っておらず、まったく計算できないということもありました。このときには、相談者本人からの聞き取りをもとに、経費の計算をしました。

　本来は、ちゃんと保存していた各種資料をもとに計算することが原則ですが、どうしても資料が用意できない場合には、概算という方法もあるということです。資料が残っていないから確定申告できないなどと考えず、概算ででも申告書を作成・提出しましょう。

☞ 税務調査の前までに確定申告書を提出すべき。

☞ 再発行できるものはすべて再発行する。

☞ 概算での計算も検討しよう。

---

62 無申告の調査は短期？ 長期？

無申告だと厳しく対応されて長引いてしまうの？

⚠ 早期に終わることもある

（ピンポーン）

あっ、きましたね。

調 ○○税務署の▲▲です。今日はよろしくお願いいたします。

すいません、狭いんですけど、そっちに座ってもらっていいですか。

調 はい。ではまず先に、こちらが身分証明書になります。

税理士の内田です。よろしくお願いいたします。

調 今日はお時間をいただきありがとうございます。先日、先生から申告書を提出していただいていますよね。細かい内容は後で確認させていただくとして、まずはお仕事の内容などから質問させてください。確定申告書には「エンジニア」と書かれていますが、具体的にどのようなお仕事をされていますか？

システムエンジニアです。銀行系のシステムに携わっています。

（調）システムエンジニアなのですね。銀行系というと、○○銀行や××信用金庫とかのシステムですか？

すいません。仕事内容を他の人に言ってはいけないようなので、詳しくは言えないのですが。

（調）守秘義務があるんですね。言える範囲で大丈夫ですよ。

具体的には言えないですけど、オンライン関係です。

（調）そうですか。今のお仕事は何年くらいになりますか？

だいたい10年くらいです。

（調）ずっと同じところで10年ですか？

いえ、何社か変わりました。

（調）取引先が複数あるのですか？　それとも取引は1社だけで、途中で取引先が変わったということですか？

取引先は1社だけです。途中で取引先が変わりました。仕事をもらっている会社が何度か変わってます。

（調）今の取引先はどこですか？　いつから取引していますか？

今は○○社で、そこだけです。だいたい3年前からです。

（調）それ以前はどちらですか？　お仕事を始められたときから今までで、いつからいつまでどこの取引先があったのかを教えてください。

仕事を始めてから全部ですか？　最初の頃のは覚えてないかもしれないです。

覚えているだけで大丈夫ですよ。いつまでというのも、正確でなくても大丈夫です。

最初は○○社で2年くらい、その後は○○社で1年くらいです。そのあと少し仕事していない時期があって、そこで今の取引先の方と知り合って仕事を紹介してもらい、何社かと取引をしていました。それからその知り合いと取引するようになりました。

そうすると5～6社くらいですかね。売上は振込ですか？現金はありますか？

ぜんぶ振込です。

どちらの銀行に振り込まれますか？

○○銀行です。

それ以外の銀行に入金されることはありますか？

ないです。売上は全部○○銀行です。

わかりました。大学を卒業されてからどこか会社に就職されていますか？　今まで勤務した会社も教えてください。

新卒で○○社に入りました。それから○○社に転職して、そのあとにフリーランスになりました。

それらの会社では、どのような仕事をされていたんですか？

全部同じです。今と同じように、システムエンジニアとして働いていました。

そうですか。では、そこで仕事を覚えたということですね。

そうです。

話が戻りますけど、売上はCさんから請求書を発行するのですか？

はい、作成しています。ただ、金額は事前に先方とやり取りして決めています。

請求書は何かソフトを使っていますか？

エクセルで作っています。

エクセルですね。控えは保存されていますか？

はい。印刷してあります。

ありがとうございます。後で確認させてください。金額は事前に決まっているとおっしゃっていましたけど、定額なのですか？

定額で決まっている金額があって、そのほかにその月に働いた時間によって増減します。1か月に働かないといけない時間が決まっていて、少なすぎるとマイナスされますし、一定の時間を超えると、残業代のような感じでプラスされます。

そうですか。では、勤務時間は先方が管理しているのですね。

そうです。最近はテレワークが増えましたけど、以前は会社に行ってました。そこでタイムカードのようなもので管理していました。

1か月で何時間働いていたかの記録は、こちらにももらえるのですか？

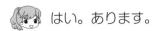 はい。あります。

増減があった場合に、金額が合っているかは、確認されていますか？

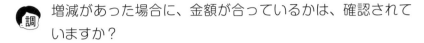 いえ、してません。本来はしないといけないのでしょうけど、面倒で。

そうですよね。勤務時間がわからないと困りますよね。マイナスされちゃったときに、本当に合っているか確認しないといけませんからね。最近はテレワークが多いということですけど、出勤する場合はどちらまで通われるんですか？

○○です。ここからだと50分くらいかかりますね。

何時に出て何時に帰ってきますか？

朝8時頃に出て、帰りは早ければ19時頃です。遅いと23時とか、日付をまたぐときもあります。

そうなんですか。帰れなくて泊まったり、タクシーを使ったりもしますか？

何回かありますね。納期が間に合わなくて、終電を逃してタクシーで帰ってくることもあります。近くのホテルに泊まることもあります。

大変ですね。帰れないことってどれくらいあります？

そんなにはないですよ。年に数回です。納期が厳しいときだけです。

帰ってきて自宅でも仕事することもあるんですか？

あります。でも、基本的に仕事は持ち帰れないので、できることは限られちゃいますけど。

また売上の話に戻りますけど、仕事の依頼はどうやって来るんですか？　電話やメール等ですか？

基本的に3か月ごとに契約してます。何もなければ、通常はそのまま継続しますけど。その契約のときに基本的な金額は決まっていて、あとは先ほど話したように、勤務時間で増減があります。

その契約書はありますか？　ありましたら後で確認させてください。よほどのことがない限り、継続するということですね。契約書はあるけど、毎月請求書を発行しているということですか？

そうです。

請求書はCさんが自分で作っているんですか？　どうやって先方に渡していますか？

私が自分で作っています。メールで送ってます。

メールですね。締め日や入金日はどうなっていますか？

「締め」ってよくわからないんですけど、毎月20日に入金されてます。

おそらく月末締めで、翌月20日に入金でしょう。

売上が入金されるときに差し引かれるものはありますか？

「差し引かれる」というのはどういうことですか？

なにか会費だったり、仕事で買ったものなどを、相殺され
ていることはありますか？

ないです。振込料くらいです。

わかりました。それでは、ひとまず売上を確認させてくだ
さい。通帳と請求書のご用意をお願いします。

～～～

いま売上金額だけ確認させていただいたのですが、問題な
さそうですね。

そうですか。よかった。

一つ確認させていただきたいのですが、今回５年分の確定
申告書を提出されていますけど、今まで無申告だった理由
は何でしょうか？

えっと、税金の申告をしないといけないとは思っていたん
ですけど、どうやっていいかわからなくて。気づいたら何
年分もたまってしまって。

税務署に相談しようとは思わなかったのですか？

行こうと思ったことはあるんですけど、確定申告していな
いから怒られるかと思って……。

税理士さんに相談とかは？

知っている人もいないし、誰に相談していいかもわからな
くて、そのままにしちゃいました。今回は税務署から連絡
が来ちゃったんで、急いでネットで探してお願いしました。

（調）そうでしたか。もっと早く税理士さんにお願いされていればよかったですね。

そうですね。何年も無申告になってしまうと、相談しにくいと思われることが多いですね。

（調）5年分の納税についてはいかがでしょうか？

なんとか支払うことができました。

（調）もう納付していただいたのですね。先生、ご提案なのですが、今回の調査はご提出いただいた申告書の内容で終了する方向で考えたいのですが、いかがでしょうか？

そうですか。こちらはそれでも大丈夫です。

（調）本日の内容を上司に報告し相談してからとなりますが、ご提出いただいている申告書の内容で終わらせるようにしたいと思います。結果がでましたらご報告します。

あれっ、これで終わりってこと？

ひとまず今日は終わりってことですね。

〜〜〜

（後日電話にて）

（調）先生でしょうか？　Cさんの調査について結果説明をさせていただこうと思います。差し支えなければ、このまま電話でお伝えさせていただいてもよろしいでしょうか？

はい。大丈夫です。

調 今回は、ご提出いただいた申告書の内容でそのまま終了とさせていただきます。経費について細かいところは確認していないのですが、今後は先生が関与して適切な申告をしていただけるでしょうから、今回はこのまま終了します。

わかりました。今後は適切な申告をしてもらうように伝えます。

調 事前通知後に申告書を提出されているので、それで加算税を計算して、後日通知させていただきます。今回はありがとうございました。

〜〜〜

えっ、もう終わっちゃったんですか？

はい。終わりです。やはり事前に確定申告書を提出していたことがよかったのでしょう。

もちろん早く終わった方がいいんですけど、こんなアッサリ終わるなんてビックリです。

無申告でしたので、申告してもらうことが一番の目的だったのでしょう。ご依頼いただいたのもよかったかもしれません。確定申告書を税理士が作成していたことで、一定の信頼があったのでしょう。

ホントお願いしてよかったです！

ありがとうございます。税務調査はこれで終わりますけど、これからはちゃんと確定申告する必要がありますよ。

はい。これからもよろしくお願いします。

無申告の税務調査の場合は、確定申告書を提出してもらうことが目的の一つでもあります。そのため、税務調査前に確定申告書を提出することで、早期終了する場合もあります。実際に、深く調べずに早期終了したケースを何度も経験しました。

　調査官からよく言われるのが「税理士の先生から指導してもらって」「税理士が目を通しているから」という言葉です。税理士が関与したことで一定の信頼を得られているのでしょう。今後の申告についても、税理士から指導してしっかりと確定申告をしてほしいということがわかります。無申告の税務調査においては、税理士に依頼し早期に確定申告書を提出することをおすすめします。

☞ 無申告であっても、しっかりと資料を用意することで、
　早期に終了することもある。

著者略歴

内田　敦（うちだあつし）

税理士。内田敦税理士事務所代表。

1979 年埼玉県生まれ千葉県育ち。

大学卒業後、一般企業に就職。税理士資格取得を目指すため退職。

複数の税理士事務所勤務を経て 2016 年 2 月に独立開業を果たす。

当初は中小企業を対象としていたが、「個人に対応している税理士が少ない」との声を受け個人専門の税理士として活動を始める。

現在はフリーランスの税務調査の立ち会い相談を中心に行っている。

多い年では年間 80 件の相談を受けることもあり、様々なケースを経験している。

税務調査の相談以外にも個人の無申告対応や確定申告の相談も受けている。

HP・ブログにて発信もしている。雑誌寄稿も多数。

著書に『十人十色の「ひとり税理士」という生き方』（大蔵財務協会、共著）、「税理士のための個人事業者・フリーランスの税務調査実例 & 対応ガイド」（税務経理協会）、「個人事業者の税務調査対応ケーススタディ」（大蔵財務協会）、『「強み」を活かして顧客をつかむ！ あなたにもできる 税理士のためのセルフブランディング実践ブック』（第一法規）がある。

税務署は見逃さない！
フリーランスの税務調査対応入門

令和5年11月1日　初版発行

日本法令 ®

検印省略

〒 101 - 0032
東京都千代田区岩本町 1 丁目 2 番 19 号
https://www.horei.co.jp/

著　者	内	田	敦
発行者	青	木 鉱	太
編集者	岩	倉 春	光
印刷所	日 本 ハ イ コ		ム
製本所	国	宝	社

（営　業）　TEL　03-6858-6967　　Eメール　syuppan@horei.co.jp
（通　販）　TEL　03-6858-6966　　Eメール　book.order@horei.co.jp
（編　集）　FAX　03-6858-6957　　Eメール　tankoubon@horei.co.jp

（オンラインショップ）　https://www.horei.co.jp/iec/
（お 詫 び と 訂 正）　https://www.horei.co.jp/book/owabi.shtml
（書籍の追加情報）　https://www.horei.co.jp/book/osirasebook.shtml

※万一、本書の内容に誤記等が判明した場合には、上記「お詫びと訂正」に最新情報を掲載
　しております。ホームページに掲載されていない内容につきましては、FAX またはEメー
　ルで編集までお問合せください。